In der Reihe blv sport:

Bauer	Fußball perfekt: Vom Anfänger zum Profi
Brandl	Modernes Reiten: Schritt, Trab, Galopp
Brandl	Perfektes Reiten – Dressur, Springen, Military
Brinkmann	Skibobfahren – leicht+sicher
Denk	Segeln: Klar zum A-Schein
Denk	Klar zum Regattasegeln
Ellwanger	Tennis – bis zum Turnierspieler
Held/Kreiß	Vom Anfänger zum Rennruderer
Hetz	Schwimmen lernen – schnell+sicher
Kemmler	Perfektes Skitraining im Schnee+zuhause
Kemmler	Topfit durch Sport, Spiel und Gymnastik
Kimura	Judo für Anfänger+Kämpfer
Maegerlein/List/Puchtler	Neuer Schwung auf kurzem Ski
Schabert	Jazzgymnastik zum Mitmachen
Sturm/Zintl	Sicheres Klettern in Fels+Eis
Vorderwülbecke	Gymnastik+Spiel mit unseren Kleinen
Wocheslander	Kinder laufen leichter Ski
Wöllzenmüller	Skilanglauf – für Anfänger+Könner
Nordheim	das blv sport Lexikon in 2 Bänden: Sport international Disziplinen – Technik – Regeln

martin sklorz

tischtennis vom anfänger zum könner

Zweite durchgesehene Auflage

BLV Verlagsgesellschaft
München Bern Wien

Zum Autor:

Martin Sklorz begann nach dem Studium an der Sporthochschule Köln seine berufliche Laufbahn als Dipl.-Sportlehrer am Institut für Leibesübungen der Technischen Universität Braunschweig.
Im Rahmen seiner Tätigkeit als Leiter der Abteilung Universitätssport in Braunschweig befaßte er sich besonders mit der Technik und Methodik des Tischtennis. Martin Sklorz ist auch durch Untersuchungen über die Wirkung und Motivation bestimmter Farben bei Sportgeräten bekannt geworden. Ergebnis: Seither gibt es gelbe Tischtennis- und Tennisbälle. Sie werden vom menschlichen Auge besser erkannt.
Neben seinem Amt als Bundeslehrwart des Deutschen Tisch-Tennis Bundes (DTTB) ist er seit neuestem Mitglied der Kommission für Training und Lehre der Europäischen Tisch-Tennis-Union (ETTU), außerdem Beauftragter des DTTB im Ausschuß »Breitensport« des Deutschen Sportbundes sowie Geschäftsführer des Deutschen Hochschulausschusses für Leibesübungen (DeHofL).

Grafische Gestaltung: Helmut und Barbara Hoffmann
Titelbild: Karola Kießlich

Satz: Johannesdruck, München
Druck: Klein & Volbert, München
Bindung: Conzella, München

Printed in Germany · 1. Auflage 1972
ISBN 3-405-11388-1

Bildnachweis

blv Archiv sport (Foto Jürgen Kemmler, München) S. 5, 16, 17, 18, 19, 31, 32, 34, 36, 37, 40, 41, 44, 47, 50, 51, 54, 58, 60, 61, 64, 67, 68, 69, 72, 99, 100, 105
Ernst Fendrich, S. 2
Karola Kießlich, Deutscher Tischtennis-Sport, S. 9, 15, 24, 29, 38, 42, 45, 48, 53, 56, 59, 62, 65, 70, 80, 105, 108, 114, 116 und Titelbild
Lehrstuhl für Kartographie und Photogrammetrie der Technischen Universität Braunschweig, S. 29
Institut für Konstruktionslehre der Technischen Universität Braunschweig, S. 118
Peter Stückl, S. 94, 95, 96, 97, 98, 101, 108

Tischtennis – Sport für jedermann

In der Skala der beliebtesten Sportarten ist Tischtennis an vorderster Stelle zu finden. Das gilt gleichermaßen für den Breiten- und Freizeitsport wie für den Leistungssport. Viele Untersuchungen in den einzelnen Ländern weisen Tischtennis sogar als Sportart Nr. 1 aus, und die Entwicklung deutet darauf hin, daß dieses Spiel bald die beiden führenden »Weltsportarten« Basketball und Volleyball überholen wird.

Als Gründe für die außerordentliche Popularität können genannt werden:

- überall spielbar
- keine hohen Anschaffungskosten für das Gerät
- unabhängig von Witterungseinflüssen
- Einzel- und Mannschaftsspiel
- nicht saisonabhängig
- überschaubares Regelwerk
- in jedem Alter spielbar
- hoher Gesundheitswert

So kommt es, daß dieses Spiel in allen Ländern von jung und alt geschätzt wird und ständig neue Freunde gewinnt. Da es überall spielbar ist, darf es nicht verwundern, wenn wir es in allen Bereichen des täglichen Lebens vorfinden:

- zu Hause
- in Schulen und Hochschulen
- in Freizeit-, Erholungs-, Jugend- und Altersheimen
- in Sportvereinen
- in Krankenhäusern und Sanatorien
- in Betrieben, Behörden usw.

Das Tischtennisspiel kann als Breiten- und Leistungssportart und von jung und alt betrieben werden. Es erfüllt deshalb in geradezu idealer Weise alle Kriterien für eine »Life-Time-Sportart«.

Dieses Buch soll Ihnen die Möglichkeit verschaffen, Tischtennis als echte »Life-Time-Sportart« mit Vergnügen zu betreiben. Tips und Ratschläge sind so programmiert, daß Sie

- schnell
- leicht und
- freudvoll

Ihre Spielstärke verbessern werden. Das gilt sowohl für den Freizeitsportler zu Hause oder anderswo als auch für den Leistungssportler im Verein, für den jungen und für den älteren Tischtennisinteressierten.

Die Frage, in welchem Alter Kinder mit dem Tischtennisspiel beginnen sollten, kann klar beantwortet werden: im 8. Lebensjahr. Wenn Ihr Kind Spaß an dem Spiel haben sollte, können Sie es nach den Grundsätzen dieses Buches üben lassen.

Eine Altersbegrenzung nach oben gibt es beim Tischtennisspiel nicht. Dieses Spiel kann man nicht nur im Sinne der vorbeugenden Gesunderhaltung, sondern auch als therapeutische Maßnahme anwenden.

Inhalt

Tischtennis – Sport für jedermann

Allgemeine Voraussetzungen

Spielvoraussetzungen

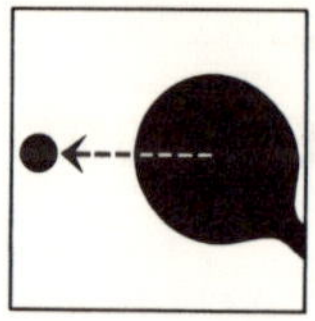

Technik der Schlagarten

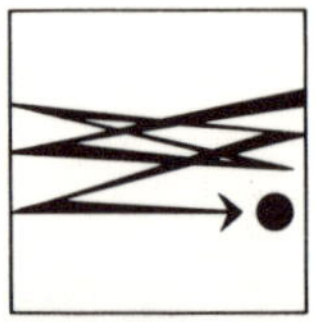

Taktik

Werte und Ziele

Der Wert des Tischtennissports kann nur in Vergleichen zu anderen Sportarten und in einer Beantwortung der allgemeinen Frage nach dem Sinn des Spiels abgeklärt werden. Hinzu kommt noch die Frage nach den Ergebnissen im physischen und psychischen Bereich, die bei positiver Beantwortung die Durchführung des Tischtennisspiels fordern könnte.

Der Sinn eines jeden Spiels wird im Spielgedanken erkennbar.
Der Spielgedanke beim Tischtennisspiel ist deutlich: der Ball wird mit dem Schläger über ein Hindernis (Netz) hinweg in die gegnerische Hälfte gebracht. Wenn wir uns bei diesem Vorgang vergegenwärtigen, welche enormen physischen und psychischen Anforderungen bewältigt werden müssen, wird die Faszination, die dieses Spiel auf uns ausübt, klar. So müssen wir uns z. B. in Bruchteilen von Sekunden alternativ entscheiden:

- Vor- und Rückhand zu spielen,
- dem Ball einen Vor-, Seit- oder Rückwärtsdrall zu geben,
- kurz oder lang, hart oder weich zu spielen,
- die Schlagart zu wählen,
- die Richtung zu wählen.

Wenn wir außerdem berücksichtigen, daß uns der ankommende Ball ebenfalls noch vor eine Fülle zu lösender Probleme stellt, wird das ständige Trainieren unserer physischen und psychischen Kräfte vorstellbar. Die Steigerungen im physischen Bereich lassen sich leicht in einer Verbesserung der wichtigsten Bewegungseigenschaften nachweisen:

- Kraft,
- Gewandtheit,
- Schnelligkeit,
- Ausdauer und
- Beweglichkeit

nehmen zu und bewirken ein objektives und subjektives Wohlbefinden.
Die durch das Regelwerk und die taktischen Varianten sich bietenden Möglichkeiten beim Tischtennisspiel fördern in hohem Maße die Anlagen im psychischen Bereich. Entschluß- und Anpassungsfähigkeit, Entfaltung der Willenskraft, Stärkung der Konzentrationsfähigkeit werden ebenso geschult wie der Mut zum kalkulierbaren Risiko.
Es darf im übrigen festgestellt werden, daß gerade das Tischtennisspiel seinen medizinischen Wert auf dem Gebiet der Prävention und Rehabilitation ausweist.
Letztlich liegt sein Wert in einer schnellen Realisierung, den Spieltrieb in uns zu befriedigen. Im Gegensatz zu anderen Sportarten ist diese Befriedigung durch die vielfältigen Möglichkeiten, das Tischtennisspiel überall ausüben zu können, schnell zu erreichen.
Das Ziel muß deshalb darin liegen, möglichst vielen Menschen das Spiel anzubieten, damit jeder die Chance erhält,

- sich physisch und psychisch zu stärken und sich infolgedessen auch zu entspannen,
- seine Freizeit sinnvoll auszufüllen,
- seine Motivationsmöglichkeiten zu ergründen (z. B. als »Freizeitspieler« oder als »Wettkampfspieler«),
- Tischtennis für präventive oder rehabilitative Zwecke benutzen zu können.

Eine sinnvolle Anleitung, Belastung und Motivation muß dabei gewährleistet sein. Jeglicher »falscher« Ehrgeiz sollte beseitigt werden.
Oberste Zielsetzung ist das Erlebnis der Freude.

Dynamik des Tischtennissports:
Welt- und Europameister
Stellan Bengtsson, Schweden

Fachausdrücke

Um eine Sportart verstehen zu können, sollte man die wesentlichen Fachausdrücke inhaltlich kennen. Nur dann ist es möglich, sich zu verständigen, zu lernen und das Spiel in seinem ganzen Gehalt zu begreifen.
Die echten »Tischtennisexperten« legen großen Wert darauf, die richtige Fachsprache zu gebrauchen. Das liegt z. T. an der geschichtlichen Entwicklung des Tischtennissports; denn erst durch den phänomenalen Aufschwung nach dem 2. Weltkrieg rückte das »Ping-Pong-Spiel« mit seinen damaligen gesellschaftlichen Akzenten zur anerkannten Sportart vor. So sollte man schon wissen, daß der Spieler, der den Ball in das Spiel bringt, einen »Aufschlag« und nicht eine »Angabe« macht (sonst müßte der Spieler schließlich auch als »Angeber« tituliert werden – und wer will das schon sein), oder daß es »Tischtennistisch« heißt und nicht »Tischtennisplatte«, sonst darf man sich nicht wundern, als »Plattenspieler« begrüßt zu werden, oder diese Sportart ganz und gar als »Plattentennis« bezeichnet zu sehen.
In der nachstehenden Tabelle sind die wichtigsten Begriffe festgehalten. Daß hierbei nicht jeder Tischtennisinteressierte alle Fachausdrücke kennen muß, ist selbstverständlich.
Wer jedoch tiefer in die Tischtennistheorie einsteigen möchte, der sollte sich das »Handbuch des Deutschen Tisch-Tennis-Bundes« (7. Auflage, Nov. 71, Verlag Oskar Klockow, 24 Lübeck) bestellen. In diesem Buch sind sämtliche Wettspielordnungen, Durchführungsbestimmungen, Satzungen, die internationalen Tischtennisregeln usw. aufgeführt.

»Inoffizielle Fachsprache«

Für den Hausgebrauch gibt es eine Fülle von weniger ernst gemeinten Fachausdrücken. Ein paar ausgewählte Beispiele sollen die Vielfältigkeit der Tischtennissprache verdeutlichen.

Ballarten

»Kartoffel« schlecht gespielter Ball
»Feuchter« Ball, der das Netz berührt
»Nasser« Ball, der die Tischkante berührt

Schlagarten

»Heber« Ball, der angehoben ins gegnerische Feld schwebt
»Patscher« Ball, der brutal dem Gegner »zugepatscht« wird
»Fiedler« Ball mit unheimlicher Vorwärtsrotation

Verhaltensweisen

»Hänger« Spieler, der sich hängen läßt
»Sacker« Spieler, der vor Erschöpfung abgesackt ist
»Eisenfuß« und »Eisenarm« Spieler mit schlechter Bein- bzw. Armarbeit

Umgangssprache

»Vom Fenster weg«: Spieler, der hoffnungslos im Rückstand liegt
»Abgeledert«: Spieler, der sehr hoch verloren hat
»Im Eimer« oder »in der Pfanne«: Spieler, der chancenlos dahinspielt

Fachsprache Tischtennis

Geräte

Tischtennis-Tisch
Tischtennis-Netz
Tischtennis-Ball
Tischtennis-Schläger
Tischtennis-Kleidung
Tischtennis-Spielraum oder -Box

Akteure

Spieler
- Aufschläger
- Rückschläger

Oberschiedsrichter
Schiedsrichter
Zeitnehmer
Schlagzähler

Spielsysteme

Angriffssystem (Offensivsystem)
Halbdistanzsystem
Verteidigungssystem
(Defensivsystem)

Schlagarten

Aufschlag	Stoppball
Schupfball	Blockball
Konterball	Ballonball
Treibball	Topspin-Ball
Schmetterball	Sidespin-Ball
Unterschnittball	

Schlägerhaltung

Shakehand-Haltung
(europäische Schlägerhaltung)
Penholder-Haltung
(asiatische Schlägerhaltung)

Austragungssysteme für Wettkämpfe

Einzelwettkämpfe

Einfaches k.o.-System
Doppeltes k.o.-System
Punktsystem: jeder gegen jeden

Mannschaftswettkämpfe

Paarkreuzsystem
Gruppenkreuzsystem
Vierer-Meden-System
Sechser-Meden-System
Vierer-Mannschaftssystem
(jeder gegen jeden)
Bundessystem
Zweier-Mannschaftssystem
(Corbillon-Cup)
Dreier-Mannschaftssystem
(Swaythling-Cup)
Schwedisches Ligasystem
Europa-Liga-System

Turnierklassen

Schülerklasse
Jugendklasse
Juniorenklasse
Herren- und Damen-Klasse
(diese werden nochmals nach Leistungsklassen unterteilt):

C-Klasse	A-Klasse
B-Klasse	S-Klasse

Bemerkung: Die C-Klasse ist die schwächste Klasse. Hier fängt jeder Turnierspieler an. Durch Turniererfolge kann er dann in die stets höhere Klasse gelangen.

Spielklassen

Europaliga
Bundesliga
Oberliga
Verbandsliga oder -klasse
Bezirksliga oder -klasse
Kreisliga oder -klasse

Wettkampfarten

Einzelturniere und Einzelmeisterschaften (dabei kommen folgende Disziplinen zur Austragung):
- Einzel
- Doppel
- Gemischtes Doppel

Mannschaftswettkämpfe und Meisterschaften
Offizielle und inoffizielle Mannschaftspokalspiele
Mannschaftsfreundschaftsspiele
Länderspiele
Verbands-Vergleichskämpfe
Auswahlspiele
Ranglistenspiele
Qualifikationsspiele

Allgemeine Voraussetzungen

Raum, Tisch, Schläger, Netz, Ball und Bekleidung gehören zu den allgemeinen Voraussetzungen, die gegeben sein müssen, um mit dem Tischtennisspielen beginnen zu können. Bei der Anschaffung der Materialien können folgende grundsätzliche Ratschläge gegeben werden:

- Nicht die billigsten Produkte nehmen.
- Die Geräte gut pflegen.

Voraussichtliche Anschaffungskosten:

Freizeitsport

1 Tisch	150–250 DM
1 Schläger	10– 15 DM
1 Netz	10– 25 DM
1 Dtzd. Bälle	4– 5 DM
Bekleidung	20– 50 DM
Gesamtpreis	194–345 DM

Wettkampfsport

1 Tisch	250–500 DM
1 Schläger	15– 60 DM
1 Netz	25– 40 DM
1 Dtzd. Bälle	4– 8 DM
Bekleidung	50–200 DM
Gesamtpreis	344–808 DM

Übrigens: Es lohnt sich nicht, Tisch oder Schläger selbst zu basteln. Eigenprodukte sind weder besser noch billiger.

Raum

Die Minimalfläche für die Durchführung des Tischtennisspiels kann mit 4,5–5 m Länge und 2,5–3 m Breite angegeben werden. Jede größere Fläche ist natürlich ein Vorteil, da dadurch die spielerischen Möglichkeiten verbessert werden.
Tischtennis kann deshalb gespielt werden:

- Im Keller- und Hobbyraum.
- Auf der Terrasse.
- Auf dem Rasen.
- In Büro- und Arbeitsräumen.
- In kleineren und großen Hallen und Räumen.

Überlegen Sie doch einmal, ob nicht irgendein »toter« Raum für diese sinnvolle Betätigung »umfunktioniert« werden kann!

Bei der Ausstattung des Raumes bitte nicht vergessen:

- Ist eine ausreichende Beleuchtung vorhanden?
- Ist der Fußboden nicht zu glatt?
- Sind die Wände farblich richtig gestaltet?

Empfehlung: Möglichst die Wände nicht weiß, sondern besser hellblau, hellgrün, hellgrau streichen.

Tisch

Der Tisch ist genormt und liniert. Die Linien an den langen Seiten heißen »Seitenlinien«, die an den kurzen Seiten »Grundlinien«. Weiterhin weist der Tisch noch eine »Mittellinie« auf (für Aufschlag beim Doppelspiel). Der Tisch kann aus beliebigem Material bestehen, doch muß seine Oberfläche, die als »Spielfläche« be-

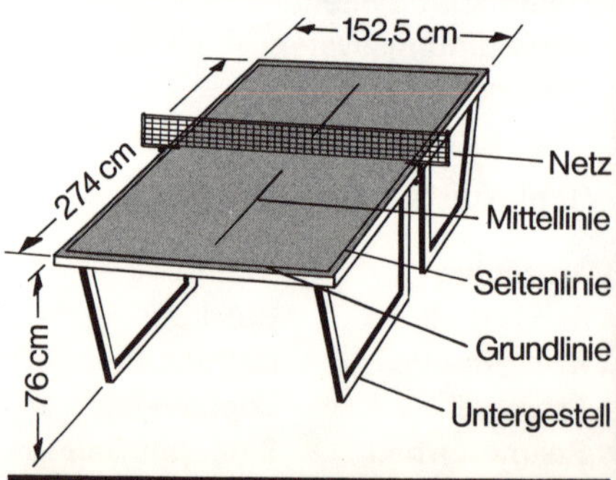

zeichnet wird, matt und mit einer dunklen Farbe versehen sein.
Beim Kauf eines Tisches sollten Sie darauf achten, daß

- der Tisch aus 2 Hälften besteht, da er dadurch transportabler wird und nicht so sperrig ist,
- sich am Tisch ein einklappbares Untergestell befindet (Vorteil: weniger Abstellfläche),
- der Tisch eine wetterfeste und verzugsfreie Oberfläche aufweist (z. B. durch Polyesterbeschichtung).

Pflegegrundsätze für den Tisch:

- Beim Abbau des Tisches die Spielflächen gegeneinander (nach innen) stellen, da andernfalls die Flächen leicht verkratzt oder beschädigt werden.
- Die Spielfläche oftmals abwischen. Staub und Schmutz verhindern die volle Entfaltung der Spielmöglichkeiten.
- Vorsicht beim Auf- und Abbau des Tisches! Es werden sonst die Grund- und Seitenlinien (-kanten) beschädigt.

Schläger

Zweifelsohne ist der Schläger das wichtigste Gerät des Tischtennisspielers. Die Auswahl des richtigen Schlägers ist von entscheidender Bedeutung, da durch einen schlechten Schläger die Spielstärke und damit auch die Freude am Spiel erheblich gemindert wird.

Der Schläger besteht aus

- dem Schlägerblatt,
- dem Schlägerbelag und
- dem Schlägergriff.

Bei der Auswahl des Schlägers sollten Sie auf folgende Kriterien achten:

- Der Schläger muß gut in Ihrer Hand liegen. Es gibt deshalb Schläger mit verschiedenen Griffstärken.

Tip: Der Schlägergriff darf nicht aus Ihrer den Schläger umfassenden Hand herausragen.

- Nehmen Sie einen Schläger mit einem »Backside«-Belag. Schläger mit einem »Noppengummi«-Belag oder »Soft«-Belag sind weniger zu empfehlen.

Tip: Auch für Anfänger sofort einen Schläger mit »Backside«-Belag. Kaufen Sie nicht die billigsten Schläger, denn die Haltbarkeit ist begrenzt und vor allem das Gummi beeinflußt die Spielstärke negativ.

- Achten Sie darauf, daß Ihr Schlägerblatt aus Balsa-Holz mit Kunststoffbeschichtung gefertigt ist. Diese Schläger haben den Vorteil, daß sie leichter, bruchsicherer, biegefester, temperaturunabhängiger und haltbarer als andere

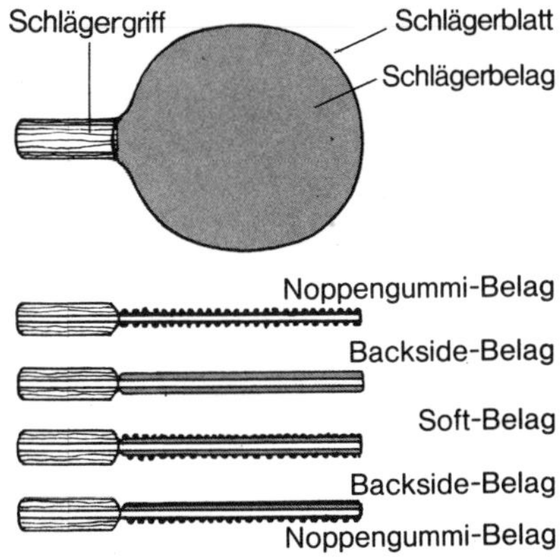

Schlägerblätter sind. Da sich die Schlägerfläche, bedingt durch die Kunststoffbeschichtung, nicht verzieht, sind sie besonders zu empfehlen. Die geringen Mehrkosten zahlen sich aus.

Pflegegrundsätze des Schlägers:

- Beschädigungen des Schlägerbelages durch pflegsame Aufbewahrung verhindern (besonders geeignet: Tischtennis-Schläger-Taschen, Preis ca. 4,– DM).
- Reinigung des Schlägerbelages.
- Aufbewahrung des Schlägers in hitze- oder kältegefährdeten Räumen vermeiden (bei Balsa-Holzschlägern nicht nötig).
- Abgespielte Schlägerbeläge auswechseln (nicht etwa einen neuen Schläger kaufen).

Netz

Das Netz ist genormt und teilt den Tisch in 2 gleichgroße Hälften. Es besteht aus 2 Netzpfosten und dem Netzvolumen.
Wichtig ist die Kenntnis der Netzhöhe (15,25 cm).

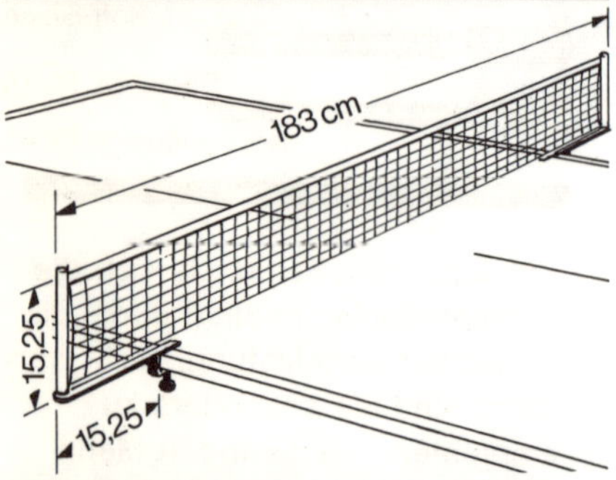

Tip: 1. Prüfen Sie ab und zu die Höhe des Netzes. Durch die ständig richtige Einstellung haben Sie stets gleichbleibende Spielverhältnisse. In den Sportgeschäften können Sie für 1,50 DM eine Maßlehre erwerben.
2. Kaufen Sie ein stabiles Netz.
3. Für Vereine sollten nur hervorragende Netzgarnituren in Frage kommen (Preis: 30–45 DM).
4. Das Netzvolumen sollte ausgetauscht werden, wenn es zu sehr schmutzt oder defekt ist. Netzspannfaden erneuern!

Ball

Durchmesser und Gewicht des Balles sind vorgeschrieben; die Farben sind weiß oder gelb.
Folgende Empfehlungen können für den Kauf von Bällen gegeben werden:

- Die Frage, ob Sie einen weißen oder gelben Ball wählen, ist abhängig von der Beschaffenheit Ihres Raumes. Es ist jedoch prinzipiell festzustellen, daß der gelbe Ball Vorteile hat. Sie sollten deshalb nur einen weißen Ball kaufen, wenn Ihr Tischtennisraum einen gelben Unter- oder Hintergrund hat.
- Der Preis der Bälle ist unterschiedlich. Wettkampfbälle werden in drei Preisklassen angeboten und sind gekennzeichnet durch Sterne. Der 3-Stern-Ball als bester unterscheidet sich vom 2- und 1-Stern-Ball dadurch, daß er stets dasselbe Gewicht hat. Für Trainingsformen werden besonders billige Bälle angeboten, die aber ihren Zweck erfüllen und dafür empfohlen werden können.

Durchmesser 37,2 bis 38,2 mm
Gewicht 2,4 bis 2,53 g
Umfang 114,3 bis 127 mm

Tip: Für den Freizeit-Tischtennissport und für Trainingszwecke: 1- oder 2-Stern-Bälle. Für Wettkämpfe: 3-Stern-Bälle.

Bekleidung

Selbstverständlich kann man Tischtennis in jeder Bekleidung spielen. Vorschriften gibt es nur im Wettkampfbetrieb. Hier wird eine sportgerechte Kleidung gefordert. Dabei sind helle oder weiße Farben untersagt, da sonst der Gegner durch den fehlenden Kontrast zum Ball optisch behindert werden könnte.
Für den Tischtennis-Freizeitsport ist zu empfehlen:

- Jede bequeme Freizeitkleidung, die nicht die Bewegungsfähigkeit einschränkt oder – was in jedem Fall das beste wäre – Sportkleidung.
- Sportschuhe aus Leinen oder Leder oder mindestens sportgerechte Freizeitschuhe. Die Schuhe sollten eine rutschfeste Sohle haben.
- In kalten Räumen sollte ein Trainingsanzug oder Pullover nicht fehlen, da Sie sonst verletzungsgefährdet sind. Außerdem macht Sport im »frierenden« Zustand wenig Spaß. Pullover oder Jacke erst dann ablegen, wenn Sie schwitzen.

Japanisches Spitzendoppel:
Hasegawa/Tasaka

Spiel-Voraussetzungen

Bevor wir mit der »Grundschule« des Tischtennisspiels beginnen, erscheinen einige prinzipielle Ratschläge angebracht:

- Korrigieren Sie sich gegenseitig.
- Loben Sie Ihren Partner, wenn er eine Aktion oder eine Übung gut abschließt.
- Tadeln Sie Ihren Partner nie; vielmehr sollten Sie ihm in Ruhe den Fehler erklären.
- Nicht spielen, wenn Sie einen »schlechten« Tag und von vornherein keine Lust haben.
- Seien Sie nicht enttäuscht, wenn Sie streckenweise keinen Lernfortschritt erkennen. Lernfortschritte kommen oftmals nur »schubweise«.
- Teilen Sie die Ihnen zur Verfügung stehende Zeit ein:
  1. Hälfte: Einspielen und Training.
  2. Hälfte: Wettspielformen.
- Führen Sie alle Bewegungen und Trainingstips korrekt aus.
- Beachten Sie auf jeden Fall die Ratschläge, die in dem Kapitel »Grundsätze des Trainings« stehen.

Schlägerhaltung

Der Schläger muß als »Verlängerung unserer Hand« oder als »Verlängerung unseres Körperschemas« betrachtet werden. Die richtige und zweckmäßige Haltung ist deshalb von größter Bedeutung.

Man unterscheidet zwei Schlägerhaltungen:
Shakehand-Haltung
Penholder-Haltung

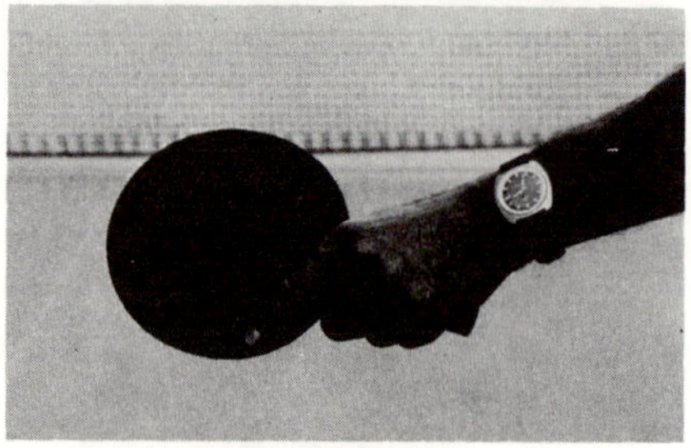

Shakehand-Haltung

Diese Haltung wird in Europa und – mit Ausnahme Asiens – auch in den anderen Kontinenten angewendet. Da Europa das Mutterland des Tischtennisspiels ist, bezeichnet man sie auch als »Europäische Haltung«. Mit dieser Haltung sollten Anfänger beginnen.

Technik

1. Schläger aufnehmen, als wenn man jemandem die Hand zum Gruß reicht (deshalb: Shakehand).
2. Daumen und Zeigefinger liegen auf dem unteren Rand der Schlägerfläche auf. Dabei wird die Seite, auf der der Zeigefinger aufliegt, als »Rückhandseite« und die auf der der Daumen aufliegt, als »Vorhandseite« bezeichnet.
3. Die restlichen drei Finger umfassen haltend den Griff.

Wichtig: Handgelenk nicht abwinkeln!

Fehler – Fehlerkorrektur

1. Schlägergriff liegt »verdreht« in der Hand. Dadurch entsteht eine Lücke entweder zwischen Daumen und Schlägerfläche oder zwischen Zeigefinger und Schlägerfläche.
   Tip: Daumen und Zeigefinger liegen ganz auf dem Rand des Schlägers.
2. Schlägergriff wird zu leicht oder zu fest gehalten.
   Tip: Der Schlägergriff darf sich trotz heftigster Bewegungen des Schlagarmes nie in der Hand verdrehen können.
3. Zeigefinger oder Daumen liegen nicht auf dem Schlägerrand auf, sondern tendieren zur Schlägermitte hin.
   Tip: Zeigefinger oder Daumen dadurch fixieren, daß ein kleiner Nagel in das Schlägerblatt geschlagen wird. Ein Verrutschen zur Schlägermitte hin ist dann nicht mehr möglich. Der Nagel kann entfernt werden, wenn die richtige Schlägerhaltung eingepolt ist.

Zur Penholder-Haltung

Die Asiaten bevorzugen diese Haltung, hervorgerufen hauptsächlich durch andersartige Lebensgewohnheiten und motorische Verhaltensweisen (z. B. Stäbchenessen). 90 % aller asiatischen Tischtennisspieler halten den Schläger auf diese Art. Sie ist aber nur für das Angriffssystem geeignet.

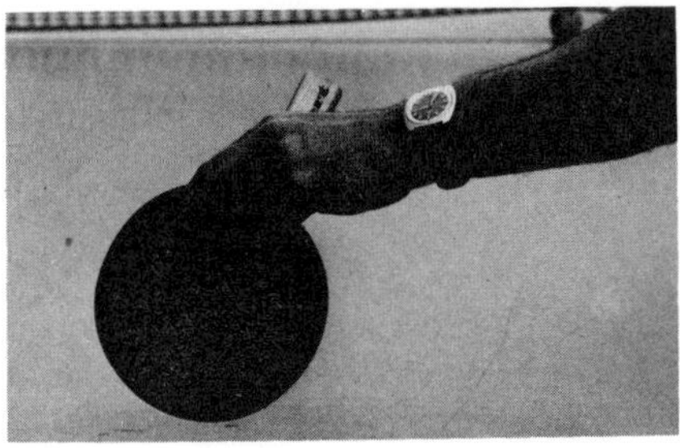

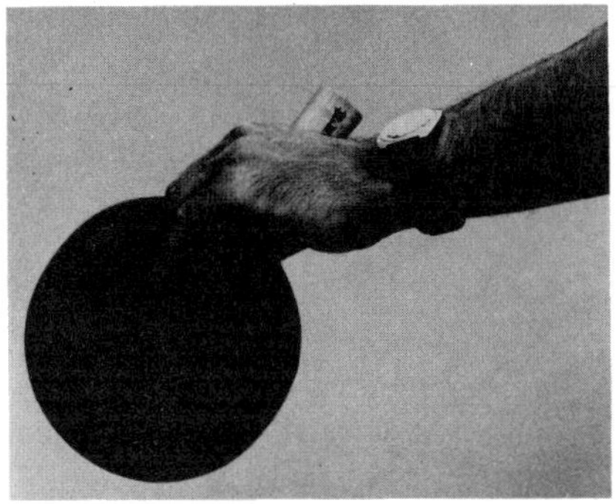

Technik

1. Schläger aufnehmen wie einen Federhalter (deshalb: Penholder).
2. Daumen und Zeigefinger umfassen den Schlägergriff (Vorhandseite).
3. Die drei restlichen Finger werden aufstützend auf die andere Schlägerseite gebracht (Rückhandseite), oder der Mittelfinger wird eng auf die Schlägerfläche gelegt.

Fehler – Fehlerkorrektur

1. Daumen und Zeigefinger sind nach dem Umfassen zu weit geöffnet.
   Tip: Daumen und Zeigefinger müssen sich in etwa berühren.
2. Die drei restlichen Finger liegen auf der Schlägerfläche.
   Tip: Den Schläger durch Aufstützen mit den Fingerspitzen fixieren.

Nach dem Abwägen aller Vor- und Nachteile beider Schlägerhaltungen kann grundsätzlich die »Shakehand-

Haltung« als die bessere empfohlen werden. Lediglich dynamische und kraftvolle Spieler sollten im Einzelfall die Möglichkeit der »Penholder-Haltung« ausprobieren.
Der grundsätzliche Vorteil der »Shakehand-Haltung« liegt im beiderseitigen Spiel (Vor- und Rückhandseite) im Gegensatz zur Penholder-Haltung, bei der alle Spieler – bis auf wenige Ausnahmen – nur mit der Vorhandseite spielen.

Wichtige Hinweise

- Achten Sie gerade im Anfängerstadium konsequent auf die richtige Schlägerhaltung.
- Falls Sie bislang den Schläger anders als angegeben gehalten haben, beheben Sie auf jeden Fall diese Fehlerquelle. Hier liegt vermutlich die Hauptursache Ihrer Spielschwäche; denn Sie können sonst die meisten Schlagarten technisch nicht exakt ausführen.
- Lassen Sie sich nicht irritieren, wenn Ihre Spielstärke nach einer Umstellung zunächst negativ beeinflußt wird. Nach kurzer Eingewöhnung verbessern Sie dann erheblich Ihre Spielmöglichkeiten.

Grundstellungen

Tischtennis gehört zu den schnellsten Ballspielen. Um auf die Aktionen des

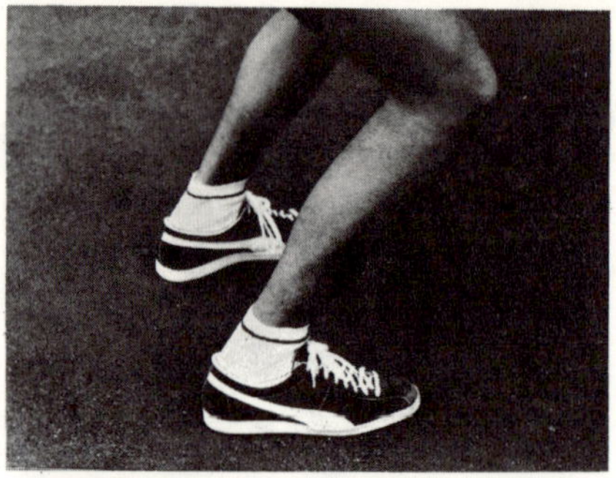

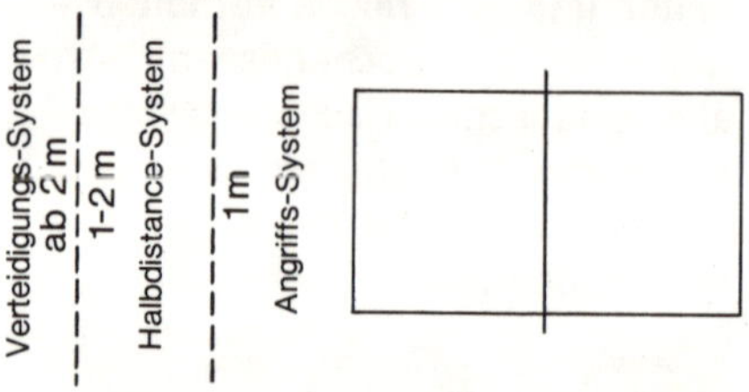

Gegners innerhalb von Hundertstelsekunden reagieren zu können, muß der Aktive vor allem durch ein rationelles Stellungsspiel ständig bereit sein, sämtliche sich ergebenden Angriffs- und Verteidigungsaufgaben zu bewältigen.

Allgemeine Grundstellung

Da er ja nicht weiß, ob der Ball auf seine Vor- oder Rückhandseite kommt, muß er stets eine Stellung einnehmen, die es erlaubt, jede erforderliche Situation zu erfassen.

Bevor wir auf die Technik der allgemeinen Grundstellung eingehen, weisen wir darauf hin, daß die Distanz – von der Grundlinie des Tischtennistisches aus gemessen – für die drei Spielsysteme wie folgt angegeben werden kann:

- **Angriffsystem = 1 m hinter der Grundlinie**
- **Halbdistanzsystem = 1–2 m hinter der Grundlinie**
- **Verteidigungssystem = ab 2 m hinter der Grundlinie**

Die Grundstellung bei der Erwartung des gegnerischen Aufschlags sieht wie die des Angriffsystems aus. Nicht mehr als 1 m hinter der Grundlinie stehen!

Technik

1. Der Körper weist drei Winkelstellungen auf: Fußsohle-Unterschenkel, Unterschenkel-Oberschenkel, Oberschenkel-Rumpf.
2. Die Füße sind etwa schulterbreit (0,3–0,5 m) geöffnet und stehen parallel zueinander bzw. die Fußspitzen zeigen nach außen.
3. Der Spielarm zeigt einen Winkel von etwa 90°, wobei der Oberarm etwa senkrecht und der Unterarm etwa waagerecht ist.
4. Der nahezu waagerecht gehaltene Unterarm liegt in der typischen Rückhand-Position vor dem Körper.
5. Das Gewicht ist deutlich auf die Fußballen verlagert.
6. Die Oberschenkel tendieren nach innen.

Fehler – Fehlerkorrektur

1. Zu aufrechte Stellung.
   Tip: Beine einwinkeln, dadurch wird die Gesamtstellung elastisch.
2. Gewicht liegt auf der ganzen Sohle oder zu sehr auf den Fersen.
   Tip: Weitere Vorlage des Rumpfes.
3. Unterarm hängt nach unten.
   Tip: Schläger bis Grundlinienhöhe anheben.

Grundstellung für Angriffs- und Verteidigungs-Schlagarten

Zunächst ist festzustellen, daß kleine Unterschiede zwischen den Grundstellungen für die einzelnen Angriffs- und Verteidigungsschlagarten vorhanden sind, die aber wegen ihrer Geringfügigkeit nicht näher aufgezeigt werden sollen.

Technik (Beispiel: Rechtshänder)

1. Die Schlagseite ist geöffnet, der Körper befindet sich also in einem Winkel von 45–90° zur Grundlinie.
2. Der linke Fuß ist vorgesetzt. Beide Füße stehen ungefähr in einem Winkel von 90° zueinander und sind 0,3–0,5 m geöffnet.

Fehler – Fehlerkorrektur

1. Die Schlagseite ist nicht geöffnet.
   Tip: Umstellen von der allgemeinen Grundstellung zur Grundstellung für Angriffs- und Verteidigungsschlagarten *ohne Ball* trainieren.
2. Die Fußstellung ist nicht korrekt.
   Tip: Durch Hilfsmittel die richtige Fußstellung erzwingen; beispielsweise könnte man eine Sporttasche zwischen die Beine stellen.

Besondere Hinweise zu den Grundstellungen

- Nach jedem Schlag ist sofort wieder die allgemeine Grundstellung einzunehmen. Da aus dieser Stellung alle Spielaktionen gestartet werden, können wir sie auch als Bereitschafts- oder Ausgangsstellung bezeichnen.
- Bei einigen Schlägen ist die exakte Stellung zum Schlag besonders wichtig (z. B. Vorhand-Topspin- und Vorhand-Schmetterball), bei anderen wird sie weniger perfekt

Grundstellungsspiel bei kurz- und langplazierten Bällen

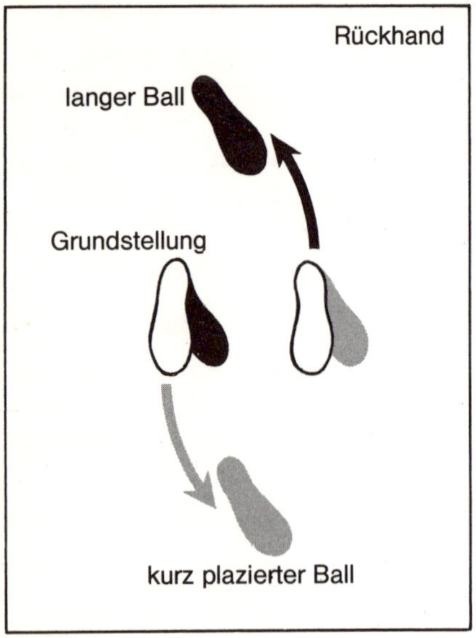

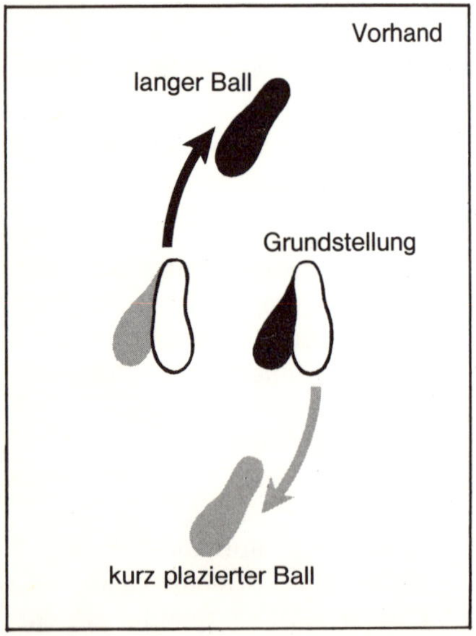

gefordert (z. B. Rückhand-Konter- und Rückhand-Blockball). Die Gründe hängen mit der Mechanik unseres Bewegungsapparates zusammen.

- Die Frage, wie man aus der allgemeinen Grundstellung zur Grundstellung für Angriffs- und Verteidigungsschlagarten kommt, muß folgendermaßen beantwortet werden:

Es sind nur zwei Fußstellungsvariationen möglich. Sie richten sich ausschließlich nach der Distanz des zu schlagenden Balles.

1. Wird der Ball vom Gegner *kürzer* plaziert als die eingenommene allgemeine Grundstellung, muß man (bei Vorhand-Verteidigungs- bzw. Vorhand-Angriffsschlagarten) das *linke* Bein *vor*setzen (bei Rückhand das *rechte* Bein).
2. Wird der Ball vom Gegner *länger* plaziert als die eingenommene allgemeine Grundstellung, so muß man (bei Vorhand-Verteidigungs- bzw. Vorhand-Angriffsschlagarten) das *rechte* Bein *zurück*setzen (bei Rückhand das *linke* Bein).

Wichtig: Aus dem Grundsatz, sich möglichst ökonomisch zu bewegen, ergibt sich die Notwendigkeit, den Raum mit wenigen Schritten zu beherrschen.

Übungen ohne Tisch

Sehr wichtig: Abkürzungen für
Vorhand = VH, Rückhand = RH.
Nach dem Grundsatz »Vom Leichten zum Schweren« gilt es, sich an die Geräte des Tischtennisspiels zu gewöhnen. Dabei lassen wir zunächst den Tisch weg und beschäftigen uns mit Schläger und Ball.

1. Übungskomplex: Tippen, Prellen, Balancieren

Ziel: Gewöhnung an Schläger und Ball. Beherrschung dieser Geräte und Erlangen des notwendigen »Ballgefühls«.

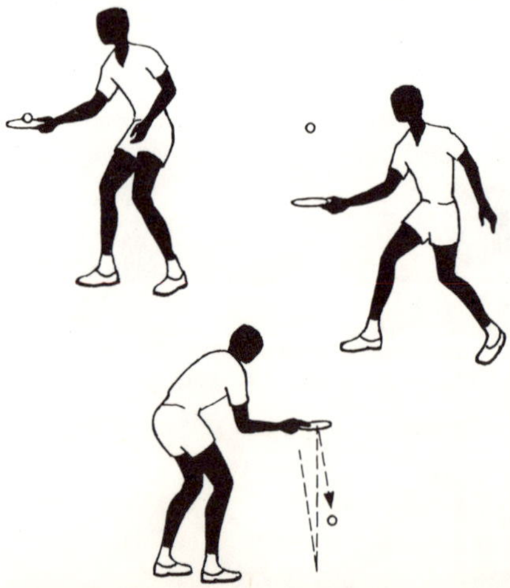

1. Übung: Tippen des Balles auf dem Schläger.
2. Übung: Wie 1. Übung, nur im Gehen und Laufen.

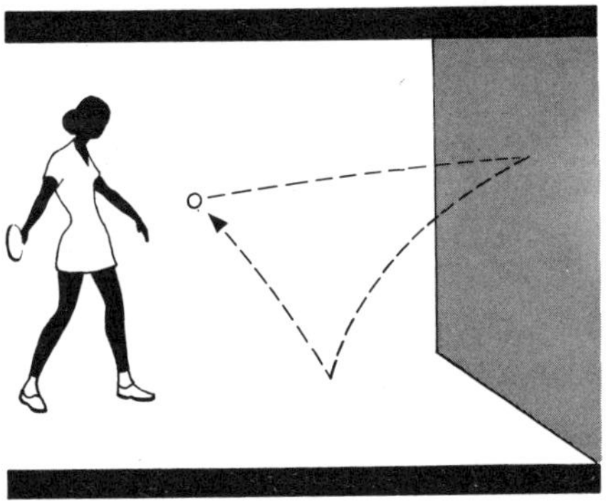

3. Übung: Prellen des Balles mit dem Schläger auf den Fußboden, RH und VH.
4. Übung: Wie 3. Übung, nur im Gehen und Laufen.
5. Übung: Balancieren des Balles auf dem Schläger im Gehen und Laufen mit RH und VH.
6. Übung: Variationsmöglichkeiten der Übungen 1–5:
   - weich und hart tippen oder prellen.
   - tippen und prellen im Wechsel,
   - RH und VH im Wechsel usw.

Wichtig: Alle Übungen mit richtiger Schlägerhaltung durchführen! Korrigieren Sie Ihren Partner und kontrollieren Sie selbst Ihre Haltung. Wiederholen Sie diese Übungen so oft wie möglich.

2. Übungskomplex: Spiel gegen die Wand

Ziel: Training der Grundstellungen und der Treffsicherheit.

1. Übung: Ball mit VH oder RH gegen Wand, Tür, Mauer spielen, ihn zurückkommen und einmal aufspringen lassen. Der Ball wird bei dieser Übung dadurch ins Spiel gebracht, daß man ihn direkt gegen die Wand spielt. Entfernung zur Wand: ca. 3 m.
2. Übung: Wie 1. Übung, jedoch über eine an der Wand markierte Höhe spielen (Höhe 1 m).

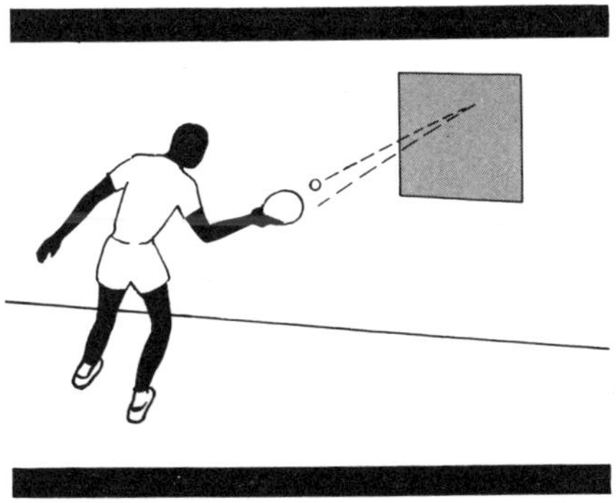

3. Übung: Zurückkommenden Ball nicht aufspringen lassen, sondern direkt (volley) spielen.
4. Übung: Ein Feld markieren (3x3 m) und 1. und 2. Übung darin ausführen.
5. Übung: Felder (Quadrate oder Kreise) an der Wand markieren und versuchen, hineinzutreffen.
6. Übung: Variationsmöglichkeiten der Übungen 1–5:
   - Spiel mit einem Partner,
   - weich und hart spielen,
   - RH und VH im Wechsel,
   - Markierungslinie an der Wand in der Höhe variieren usw.

Wichtig: Das Spielen gegen die Wand ist ein hervorragendes Training für Anfänger und Könner und macht sehr viel Spaß. Beim Tennissport baut man deshalb extra eine »Tenniswand«. Für das Tischtennisspiel braucht man keine Spezialwände, da bereits kleine Flächen ausreichen. Nutzen Sie diese

effektive Möglichkeit! Achten Sie auf die richtigen Grundstellungen! Ist die Schlägerhaltung in Ordnung? Und: Machen Sie doch einige lustige Wettbewerbe, z. B. wer trifft am häufigsten in einen Kreis, wer kann den Ball am meisten gegen die Wand schlagen, welches Doppel hält den Ball am längsten im Spiel.

3. Übungskomplex: Spiel über eine Schnur

Ziel: Erlernung der Grobformen des Tischtennisspiels.

1. Übung: Ball mit VH oder RH über eine Schnur schlagen. Der Ball wird hierbei wieder wie beim Spiel gegen die Wand ins Spiel gebracht.
2. Übung: Wie 1. Übung, nur soll jeder in ein markiertes Feld auf der Seite des Gegners treffen.
3. Übung: Zurückkommenden Ball nicht aufspringen lassen, sondern direkt (volley) spielen.
4. Übung: Variationsmöglichkeiten der Übungen 1–3.
   - Spiel zu viert (Doppelspiel).
   - Nur parallel oder nur diagonal spielen.
   - RH und VH im Wechsel.
   - Weich und hart spielen.
   - Jeden zweiten Ball »direkt« spielen usw.

Wichtig: Jetzt spielen Sie bereits Tischtennis auf einem enorm »vergrößerten Tisch«. Das hat gerade für Anfänger viele Vorteile:

- Der Ball wird länger im Spiel gehalten.
- Er lernt schon, den Ball zu plazieren.
- Er hat eine längere Reaktionszeit zur Verfügung.
- Er lernt den Raum zu beherrschen.

Allgemeine Hinweise für alle Übungskomplexe:

- Sämtliche Übungen können Anfänger und Könner absolvieren.
- Erfinden Sie neue hinzu!
- Versuchen Sie bitte nicht, bei jeder Übungsform Ihren Partner auszuspielen. Halten Sie vielmehr den Ball »im Spiel«.
- Spielen Sie »dynamisch«. Versuchen Sie immer in die richtige Grundstellung zu kommen.
- Lassen Sie sich korrigieren und tun Sie es selber auch.
- Versuchen Sie aber auch, mit diesen lustigen Übungsformen Ihre Kinder, Freunde, Eltern und Arbeitskollegen für das Tischtennisspiel zu gewinnen.

Denn Sie wissen ja:
Keiner ist zu alt, und mit 7 oder 8 Jahren kann man schon beginnen.

Machen Sie mit bei dem Übungs-Test:

Übung	sehr gut	gut	befriedigend	noch etwas üben
Ball mit VH und RH auf dem Schläger tippen lassen	40 x	30 x	20 x	unter 20 x
Ball mit VH und RH im Wechsel gegen die Wand spielen	30 x	20 x	10 x	unter 10 x
Ball mit RH »direkt« gegen die Wand spielen	20 x	15 x	10 x	unter 10 x
Ball mit VH und RH im Wechsel über die Schnur spielen	20 x	15 x	10 x	unter 10 x
Ball mit VH »direkt« über die Schnur spielen	20 x	15 x	10 x	unter 10 x

Für jede Übung stehen Ihnen zwei Versuche zur Verfügung.

Übungen am Tisch

Übungen ohne Tisch und am Tisch sollten gerade in der Anfangszeit gleichermaßen zum Zuge kommen. Oftmals ergibt sich dieser sinnvolle Wechsel schon durch die Anzahl der Beteiligten. Sollten einmal fünf Spieler anwesend sein, so könnten also vier am Tisch üben, der fünfte an der Wand.

Bei den ersten Übungen am Tisch sollten Sie folgende Ratschläge beachten:

- Versuchen Sie den Ball in die Mitte der Tischhälfte des Partners zu spielen.
- Der Ball soll auch weitergespielt werden, wenn er über den Tisch geschlagen worden ist. Lassen Sie ihn in solch einem Fall einmal auf dem Boden springen und spielen ihn dann zurück.
- Spielen Sie den Ball nicht zu flach über das Netz. Dabei schleichen sich zu viele Fehler ein. Denken Sie daran: Sicherheit zuerst!
- Bringen Sie den Ball dadurch in das Spiel, daß Sie ihn senkrecht auf den Tisch fallen lassen, etwa in den Bereich der Grundlinie und dann nach dem Aufsprung über das Netz schlagen.
- Achten Sie noch nicht darauf, ob bei diesen ersten Übungen die Technik der Schlagarten richtig ist.

1. Übung: Versuchen Sie den Ball entweder mit VH oder mit RH über das Netz zu spielen, nach Möglichkeit in die Mitte der anderen Tischhälfte.
   Ziel: Ball treffen und über das Netz spielen.
2. Übung: Schlagen Sie den Ball einmal »weicher«, so daß er kurz hinter dem Netz aufspringt und das andere Mal »härter«, so daß er fast bis zur Grundlinie kommt.
   Ziel: Beherrschung von kurzen und langen Schlägen.
3. Übung: Spielen Sie den Ball mit der VH diagonal dem Partner zu. Versuchen Sie, das richtige Feld zu treffen.
   Ziel: Schulung der Treffgenauigkeit und der VH-Grundstellung.
4. Übung: Wie 3. Übung, jedoch mit RH.
5. Übung: Wie 3. und 4. Übung, jedoch jetzt den Ball parallel spielen.
   Im Wechsel VH und RH spielen. Außerdem dabei versuchen, die Bälle kurz und lang zu plazieren.
   Ziel: Beherrschung des Tisches, Schulung der Grundstellungen und des Ballgefühls.

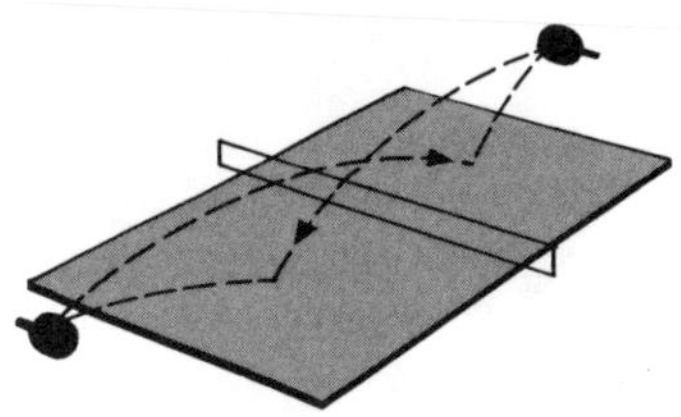

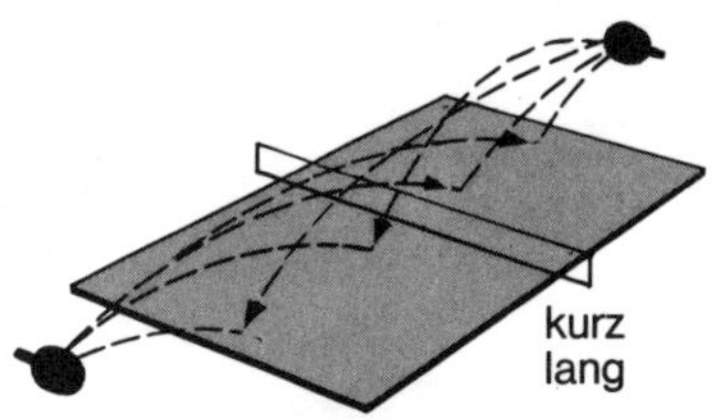

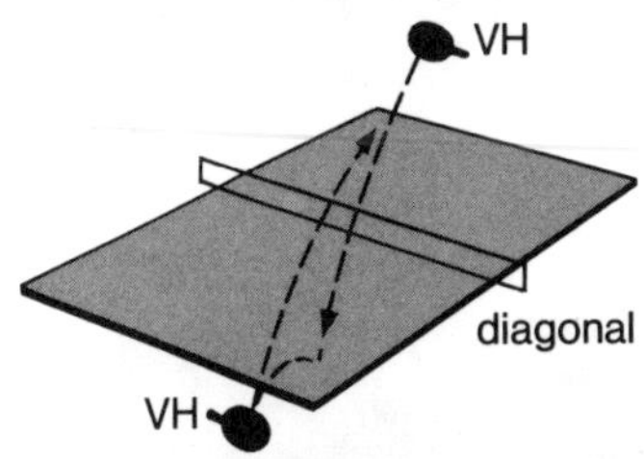

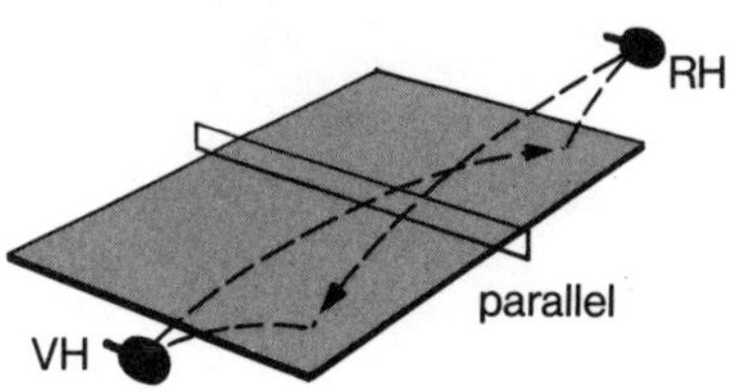

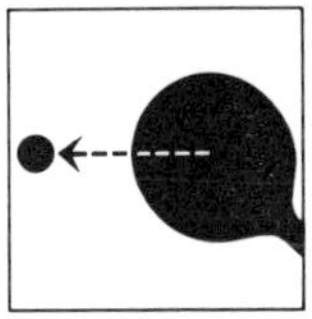

Technik der Schlagarten

Schnelle und gesicherte Lernfortschritte sind nur durch die richtige Vermittlung der einzelnen Techniken möglich. Die bei den jeweiligen Schlagarten vorgeschriebenen Bewegungsabläufe sollten deshalb exakt durchgeführt werden.
Folgende Grundsätze gelten:

- Üben Sie die Technik erst ohne Ball, dann mit Ball.
- Spielen Sie dem Partner die Bälle sicher zu.
- Korrigieren Sie sich gegenseitig.
- Üben Sie konsequent über eine Zeit von 5–10 Minuten nur eine Schlagart.
- Versuchen Sie, auf mindestens 15–20 Ballwechsel zu kommen.

Die unter dem Kapitel »Grundsätze des Trainings« angegebenen verschiedenen Trainingsmöglichkeiten sollten Sie beherzigen. Sie lockern das Übungsprogramm auf und tragen zu einem schnellen Lernerfolg bei. Lassen Sie sich aber vor allem nicht entmutigen, wenn Ihnen einige

Technik der Schlagarten		Anfänger	Könner
Aufschlag	1. Unterschnitt	+	+
	2. Oberschnitt	+	+
	3. Seitenschnitt	–	+
Angriffs-schlag-arten	1. Konterball	+	+
	2. Treibball	+	+
	3. Schmetterball	+	+
	4. Stoppball	–	+
	5. Topspin-Ball	–	+
	6. Sidespin-Ball	–	+
Verteidi-gungsschlag-arten	1. Schupfball	+	+
	2. Unterschnittball	+	+
	3. Blockball	–	+
	4. Ballonball	–	+

+ = sollte beherrscht werden
– = braucht nicht beherrscht werden

◀ Jochen Leiß:
Volle Konzentration beim Schmetterball

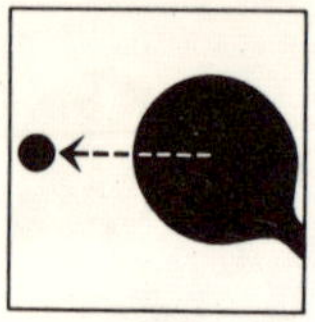

Schlagarten nicht gleich oder nicht gut gelingen.
Es muß nämlich an dieser Stelle festgehalten werden, daß es leichte und weniger leichte Schlagarten gibt. Die Tabelle soll Ihnen einen Eindruck von den Schwierigkeiten vermitteln.
Vorab weisen wir auf die Systematik der Behandlung der einzelnen Aufschlag- und Schlagarten hin:

- Technik.
- Übungsformen.
- Fehler – Fehlerkorrektur.
- Wichtig.

Die Übungsformen beziehen sich stets auf das Üben zu zweit, da das ja grundsätzlich beim Tischtennis im Vordergrund steht. Weitere, andere Formen können Sie im Kapitel »Trainingsformen« erfahren.

Grundsätzliches zur Technik

Jede Schlagart erzeugt ein spezielles Sprungverhalten des Balles. Das liegt an den verschiedenen Möglichkeiten, den Ball mit dem Schläger zu dirigieren. Grundsätzlich wird das Verhalten des Balles bestimmt durch:

- Die Richtung des einschwingenden Schlägers.
- Die Stellung des Schlägerblattes.

So kommt es, daß der Ball folgendermaßen durch die Luft fliegen kann:
Ohne Drall. Mit Vorwärts-Drall.
Mit Rückwärts-Drall. Mit Seiten-Drall.

Ohne Drall

Der Schläger wird mit senkrecht gestelltem Schlägerblatt gegen den Ball geführt. Der Schlagarm bewegt sich waagerecht von hinten nach vorn.

Mit Vorwärts-Drall

Der Schläger wird mit nach innen geneigtem bzw. geschlossenem Schlägerblatt gegen den Ball geführt. Der Schlagarm bewegt sich von hinten-unten nach vorn-oben.

Mit Rückwärts-Drall

Der Schläger wird mit nach außen geneigtem bzw. geöffnetem Schlägerblatt gegen den Ball geführt. Der Schlagarm bewegt sich von hinten-oben nach vorn-unten.

Mit Seiten-Drall

Der Schläger wird mit seitlich gestelltem Schlägerblatt gegen den Ball geführt. Der Schlagarm bewegt sich waagerecht von hinten nach vorn.
Wie verhält sich nun der Ball, wenn er auf der gegnerischen Hälfte des Tisches aufkommt?

Wenn wir voraussetzen, daß der Einfallwinkel bei allen vier Schlagarten derselbe ist, so können wir unterschiedliche Ausfallwinkel nach dem Auftreffen des Balles auf dem Tisch registrieren:

1. Der Ausfallwinkel des Balles ohne Drall ist gleich dem Einfallwinkel.

Drallmöglichkeiten des Balles

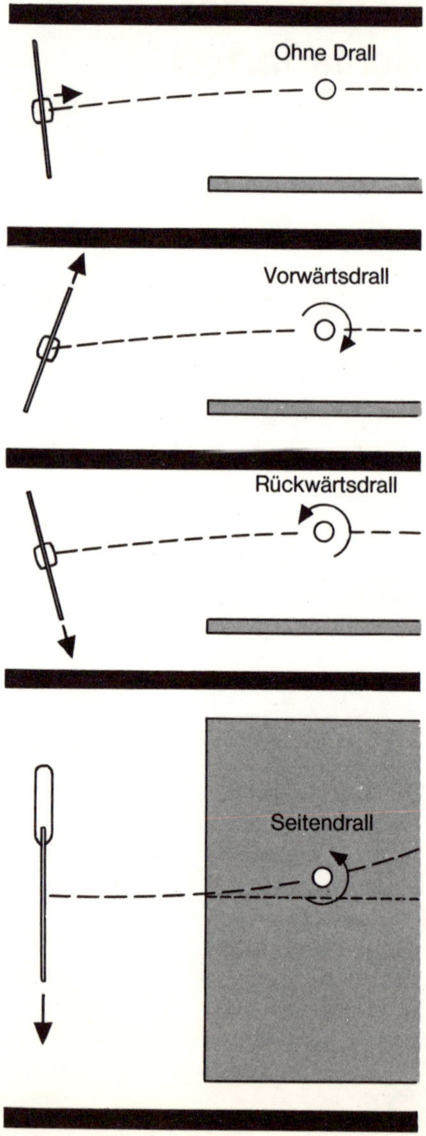

Ein- und Ausfallwinkel bei den verschiedenen Drallmöglichkeiten des Balles.

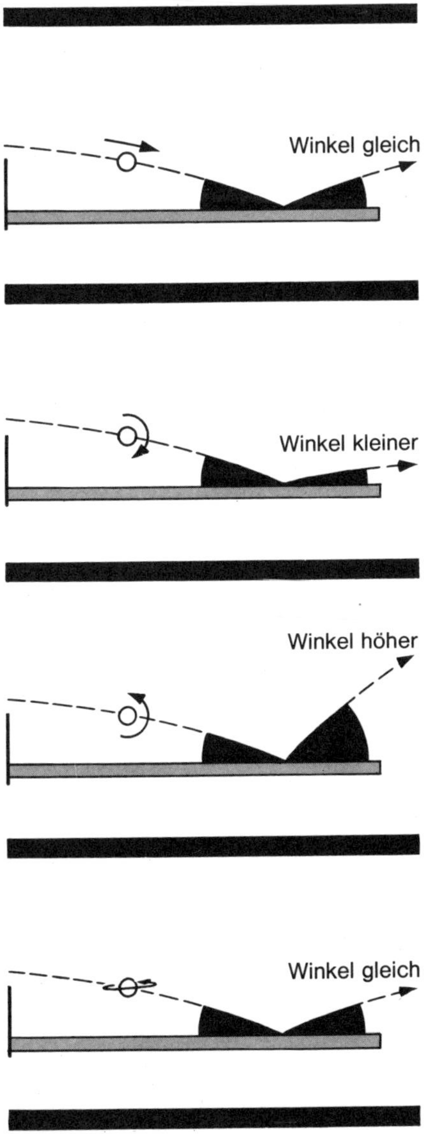

2. Hat der Ball einen Vorwärtsdrall, so ist der Ausfallwinkel kleiner, der Ball springt flacher vom Tisch ab.
3. Hat der Ball einen Rückwärtsdrall, so ist der Ausfallwinkel größer; der Ball springt höher vom Tisch ab.
4. Bei einem Ball mit Seitendrall entspricht der Ausfallwinkel dem Einfallwinkel.

Die unterschiedlichen Ausfallwinkel der einzelnen Schlagarten mit Vor- und Rückwärtsdrall erklären sich so:

- Die Energie eines Vorwärtsdralls wird nach dem Auftreffen des Balles auf den Tisch in Beschleunigung umgesetzt. Die Geschwindigkeit des Balles ist deshalb auch größer als unmittelbar vor dem Auftreffen. Die beim Auftreffen freigesetzten Kräfte treiben den Ball nach vorn und der Ausfallwinkel wird flacher.
- Der Rückwärtsdrall eines Balles hingegen bewirkt nach dem Auftreffen auf den Tisch einen Bremseffekt. Die Folge davon ist ein Abfallen der Geschwindigkeit; der Ball wird in seinem Bestreben, weiterzufliegen, gebremst. Der Ausfallwinkel ist durch das »Hochspringen« des Balles größer als der Einfallwinkel.
- Wird ein Ball mit Seitendrall gespielt, so bleibt zwar der Ausfallwinkel entsprechend dem Einfallwinkel, doch die Flugrichtung verändert sich im Gegensatz zu den Bällen mit Vor-, Rückwärts- oder ohne Drall nach dem Aufsprung.

Beachte: Während die Richtung des Balles (aus der Vogelperspektive gesehen) beim Vor- und Rückwärtsdrall gleich bleibt, bewirkt der Seitendrall ein seitliches Wegspringen des Balles nach dem Auftreffen auf dem Tisch.

Bevor wir auf die Konsequenzen dieser physikalischen Verhaltensweisen eingehen, weisen wir darauf hin, daß noch weitere, exakt nachgewiesene Fakten das Tischtennisspiel bestimmen, die jedoch zu stark in den Bereich der Theorie dieser Sportart gehen und deshalb hier unberücksichtigt bleiben. Diese Fakten werden jedoch in dem Kapitel »Wußten Sie schon . . .« kurz angedeutet.

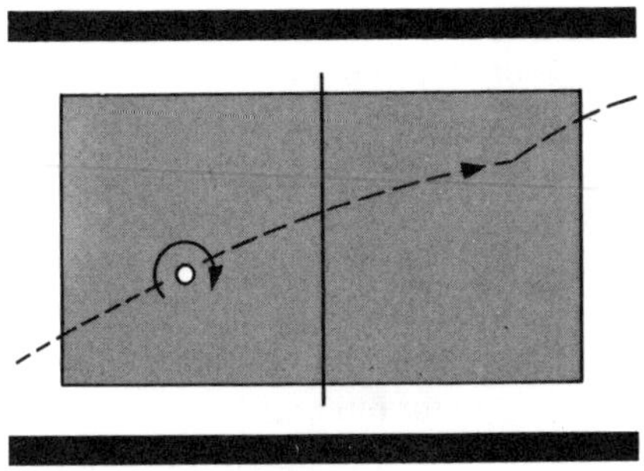

Ein zweifarbiger Tennisball eignet sich sehr gut zum Bewußtmachen dieser physikalischen Verhaltensweisen und sollte deshalb einmal eingesetzt werden.

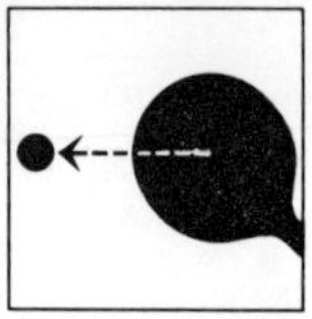

Bernt Jansen:
Ansatz zum Sidespin-Aufschlag ▶

Skizze oben: Treibball
Skizze unten: Unterschnittball

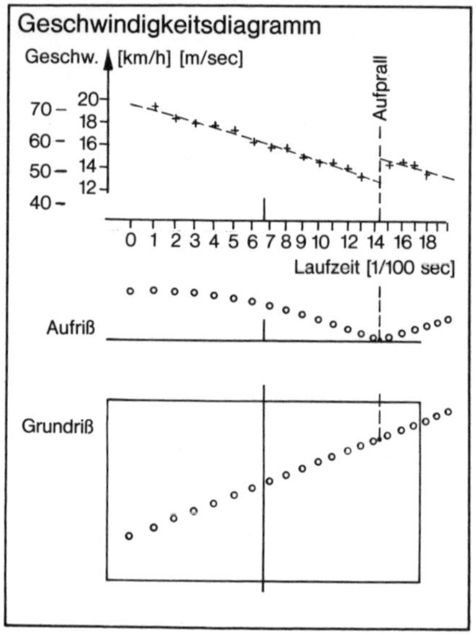

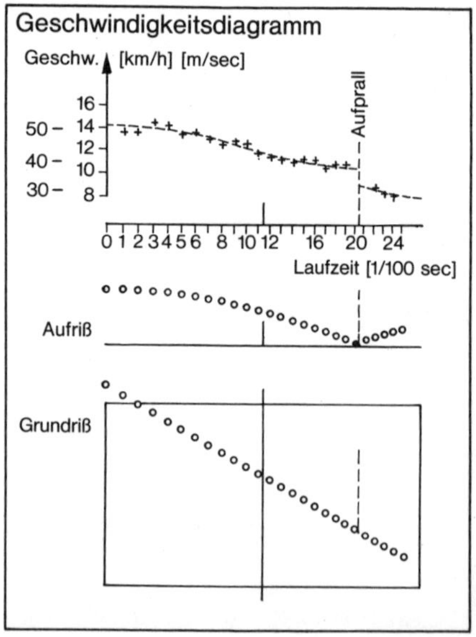

Zusammenfassung und Konsequenz

1. Durch die Schlägerführung und die Schlägerstellung kann der Ball mit und ohne Drall gespielt werden.
2. Der Drall, der einem Ball beim Spielen gegeben wird, bestimmt nach dem Auftreffen auf den Tisch den Ausfallwinkel. Dabei ergeben sich für den ballannehmenden Spieler folgende Konsequenzen:

- Vorwärtsdrall: Der Ball kommt »schnell« auf den Spieler zu. Er muß sich frühzeitig auf den Ball »einstellen«, eventuell sogar vom Ball »weggehen«, wenn er den Ball mit einem Verteidigungsschlag retournieren will. Beabsichtigt er, den Ball mit einem Angriffsschlag zurückzuspielen, muß er das Schlägerblatt grundsätzlich stark nach innen stellen.
- Rückwärtsdrall: Der Ball kommt »langsam« auf den Spieler zu. Im Extremfall bleibt der Ball »stehen«. Der Spieler muß »zum« Ball. Will er den Ball mit einem Angriffsschlag zurückspielen, muß er das Schlägerblatt senkrecht oder nur ein wenig nach innen stellen.
- Seitendrall: Der Ball muß durch eine »angepaßte« Schlägerstellung unter Kontrolle gebracht werden. Während nämlich bei allen anderen Bällen das Schlägerblatt immer frontal zum ankommenden Ball geführt wird, muß beim Seitendrall das Schlägerblatt seitlich abgewinkelt werden.

Wichtig: Lassen Sie sich von dieser Theorie im Anfängerstadium nicht zu sehr beeindrucken. Denken Sie daran, daß durch ein richtig aufgebautes Training diese komplexen Prozesse im Gehirn eingepolt werden und danach automatisch ablaufen.

Stellungsmöglichkeiten des Schlägers bei der Annahme des Balles

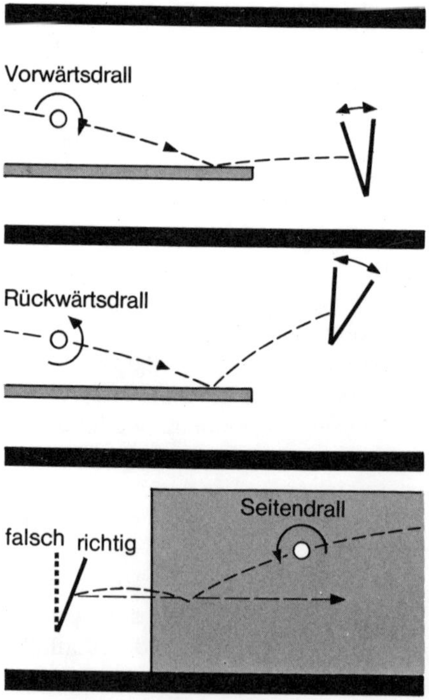

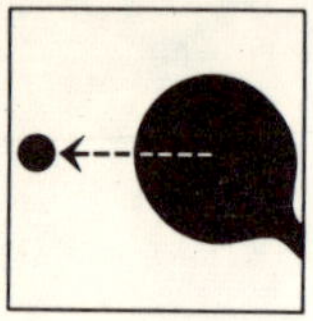

Aufschlag

Das Spiel beginnt mit einem Aufschlag. Den Spieler, der den Ball ins Spiel bringt, nennen wir deshalb auch »Aufschläger«. Der den Aufschlag annehmende Spieler wird »Rückschläger« genannt.
Um einen korrekten Aufschlag zu machen, müssen wir folgende Regeln beachten:

- Der Ball muß auf dem Handteller der freien Hand ruhen. Er muß danach senkrecht hochgeworfen werden.
- Der Schläger darf den Ball erst dann treffen, wenn er wieder fällt.
- Der Ball muß erst einmal in der eigenen Hälfte aufspringen, danach das Netz ohne Berührung überwinden und dann einmal in der Hälfte des Partners aufkommen.
- Berührt der Ball das Netz oder den Netzpfosten, muß der Aufschlag wiederholt werden.

- Der Aufschlag muß hinter der verlängerten Grundlinie und über dem Niveau der Tischhöhe ausgeführt werden.

Jeder sollte sich von vornherein darüber im klaren sein, daß man *nur* beim Aufschlag die Möglichkeit hat, sich Zeit zu lassen. Ist der Ball erst einmal ins Spiel gebracht, stehen wir ständig unter Zeitdruck und können oftmals keine geordneten Bewegungen durchführen.

Deshalb wichtig:

- Aufschlag nicht überhastet durchführen.
- Konzentration vor dem Aufschlag.
- Vorher überlegen, was Sie mit dem Aufschlag erreichen wollen.
- Den Partner in Unkenntnis lassen, welche Aufschlagart Sie durchführen wollen.

Denken Sie daran, daß Sie das Aufschlagspiel sehr variabel gestalten können. Diese Möglichkeiten bieten sich an:

- weich und hart bzw. langsam und schnell,
- kurz und lang,
- mit und ohne Schnitt (Drall*),
- in verschiedene Richtungen,
- mit der Vor- oder Rückhandseite.

* Im nachfolgenden Text wird der Ausdruck »Drall« durch das Wort »Schnitt« ersetzt, da es in der Tischtennis-Fachsprache dafür verwendet wird.

Aufschlagarten

Aufschlag ohne Schnitt

Technik

- Der Ball wird vor (RH) oder seitlich neben dem Körper getroffen (VH).
- Das Schlägerblatt ist leicht nach innen geneigt.
- Die Bewegung des Schlagarmes erfolgt von hinten-oben nach vorn-unten.
- Der Körper schwingt leicht in die Schlagrichtung.

Übungsformen

- Zuerst den Aufschlag mit RH üben und versuchen, ihn in die Mitte der gegnerischen Tischhälfte zu spielen. Der Ball wird vor dem Körper hochgeworfen.
- Aufschläge mit VH und RH, jedoch den Ball seitlich vom Körper hochwerfen. Wiederum in die Tischmitte spielen.
- Den Ball diagonal und parallel plazieren.
- Wechsel von harten und weichen Aufschlägen.
- Bestimmte aufgezeichnete Felder oder auf den Tisch gelegte Gegenstände mit dem Ball treffen.

Fehler – Fehlerkorrektur

- Der Ball springt zu hoch – den Ball tiefer treffen.

RH-Aufschlag ohne Schnitt

- Der Ball springt über die Hälfte des Partners – der Ball muß bereits im eigenen Grundlinienbereich in das Spiel gebracht werden.
- Der Ball geht seitlich aus – die Stellung des Körpers verändern.
- Der Ball geht oft ins Netz – die Stellung des Schlägerblattes verändern.

Anwendung: Diese Aufschlagart sollte von Anfängern bevorzugt werden. Außerdem sollte sie immer dann gewählt werden, wenn Unsicherheiten bei den anderen, schwierigeren Aufschlägen eintreten.
Der Aufschlag kann mit VH und RH ausgeführt werden.

Aufschlag mit Unterschnitt

Technik

- Der Ball wird seitlich neben dem Körper getroffen. Mit RH kann der Aufschlag auch vor dem Körper ausgeführt werden.
- Das Schlägerblatt ist nach außen geneigt (geöffnet).
- Die Bewegung des Schlagarmes erfolgt von hinten-oben nach vorn-unten.

VH-Aufschlag mit Unterschnitt

Übungsarten

- Den Ball nur 20–30 cm hochwerfen und dann mit RH in die Mitte der gegnerischen Hälfte plazieren. Der Schlagarm sollte in der Anfangszeit langsam geschwungen werden.
- Wenn der Aufschlag mit RH beherrscht wird, Aufschläge mit VH üben.
- Weitere Übungsformen wie bei »Aufschlag ohne Schnitt«.

Fehler – Fehlerkorrektur

- Der Ball wird zu hoch geworfen und kann deshalb nicht genau genug plaziert werden – den Ball nur minimal hochwerfen (20 bis 30 cm) und die ballhaltende Hand nicht zu weit vom Körper entfernen.
- Der Ball geht oft aus – die Schlägerführung kontrollieren. Der Schläger darf während des Einschwingens nicht verdreht werden.
- Der Ball hat keinen Rückwärtsdrall – Schlägerblatt öffnen.

Wichtig: Denken Sie bei Beginn des Aufschlagspiels auch immer an die richtige Grundstellung des Körpers und der Füße.
Die Qualität Ihres Unterschnitts hängt von der Geschwindigkeit des Zuges Ihres Schlagarmes ab. Der Schnitt ist um so stärker, je schneller der Bewegungsablauf des Armes ist.

Aufschlag mit Oberschnitt

Technik

- Der Ball wird seitlich neben dem Körper getroffen. Mit RH kann der Aufschlag auch vor dem Körper durchgeführt werden.
- Das Schlägerblatt ist nach innen geneigt, also geschlossen.
- Die Bewegung des Schlagarmes erfolgt von hinten-unten nach vorn-oben oder waagerecht von hinten nach vorn, wenn der Ball mehr Geschwindigkeit erhalten soll.

Übungsformen: siehe »Aufschlag mit Unterschnitt«.

Fehler – Fehlerkorrektur

- Der Ball geht über die Hälfte des Partners – der Ball muß bereits im Grundlinienbereich der eigenen Hälfte aufkommen.
- Der Ball bekommt keine Geschwindigkeit – die Bewegung des Schlagarmes muß schneller werden.

Wichtig: Im Vergleich zum Aufschlag mit Unterschnitt hat dieser Aufschlag wesentlich mehr Tempo, er ist also schneller. Damit er seine maximale Geschwindigkeit erreichen kann, empfiehlt es sich, ihn diagonal zu schlagen. Dann steht dem Aufschläger mehr Tischfläche zur Verfügung, und er kann den Ball wuchtiger spielen.
Diese Aufschlagart ist die schnellste.

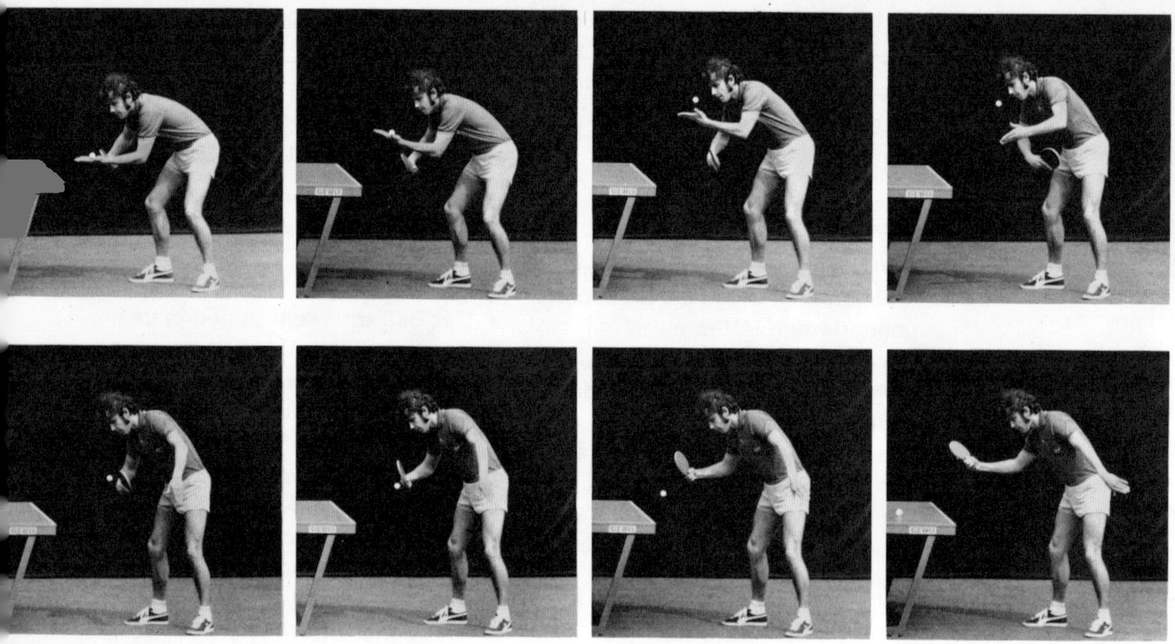

RH-Aufschlag
mit Oberschnitt

VH-Aufschlag
mit Oberschnitt

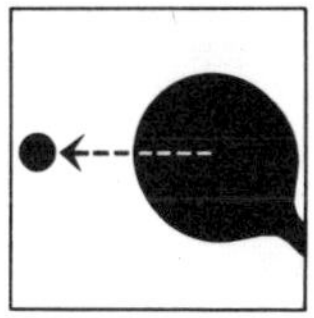

Aufschlag mit Seitenschnitt

Bei diesem Aufschlag gibt es zwei Möglichkeiten:

- Mit nach oben gestelltem Schlägerblatt.
- Mit nach unten gestelltem Schlägerblatt.

Technik mit nach oben gestelltem Schlägerblatt

- Der Ball wird seitlich vor dem Kopf getroffen (VH). Bemerkung: Dieser Aufschlag ist grundsätzlich nur mit VH durchführbar.
- Das Schlägerblatt ist hochgestellt und steht in einem Winkel von 90° zur Grundlinie (Abweichungen sind möglich).
- Die Bewegung des Schlagarmes erfolgt waagerecht von hinten nach vorn.
- Bei der Ausführung muß sich der Spieler in eine Hockstellung begeben.

Übungsformen

- Die Bewegung erst ohne Ball durchführen.
- Den Ball nur minimal hochwerfen und zunächst einmal überhaupt treffen (ohne Tisch).
- Wie Übungsformen der anderen Aufschlagarten.

Fehler – Fehlerkorrektur

- Der Ball hat keinen Seitenschnitt, sondern tendiert mehr zum Unterschnitt – das Schlägerblatt senkrecht stellen und Bewegung des Schlagarmes korrigieren.
- Der Ball springt zu hoch vom Tisch ab – Hockstellung einnehmen, der Körper ist sonst zu aufrecht.

Wichtig: Der Aufschlag ist außerordentlich wirkungsvoll, verlangt jedoch viel Übung. Die günstigste Position für diesen Aufschlag ist für einen Rechtshänder die rechte, äußere Tischseite. Von hier aus sollte diagonal plaziert werden.

Technik mit nach unten gestelltem Schlägerblatt

- Der Ball wird vor dem Körper in Hüfthöhe getroffen.
- Das Schlägerblatt ist nach unten gestellt (senkrecht) und verläuft parallel zur Grundlinie.
- Die Bewegung des Schlagarmes erfolgt waagerecht vor dem Körper von links nach rechts bei RH oder von rechts nach links bei VH.
- Bei der Ausführung mit VH muß der Griff des Schlägers gelockert werden, da sonst nicht das Schlägerblatt nach unten gestellt werden kann.

Beachte: Kleinere Spieler müssen sich bei dieser Aufschlagart bewußt »groß« machen (auf die Zehenspitzen stellen).

Übungsformen

- Die Bewegung mit VH und RH ohne Ball durchführen.
- Zuerst RH üben, da dabei der Bewegungsablauf einfacher ist.
- Wie Übungsformen der anderen Aufschlagarten.

Fehler – Fehlerkorrektur

- Der Ball erhält keinen Seitenschnitt – das Schlägerblatt senkrecht stellen und auf weiträumigen Bewegungsablauf des Schlagarmes achten.
- Der Ball geht oft ins Netz – der Spieler muß aufrechter stehen.

Wichtig: Die Aufschläge mit Seitenschnitt sind die schwersten. Lassen Sie sich nicht entmutigen, wenn die Durchführung anfänglich keinen Erfolg zeitigt. Üben Sie deshalb häufig 40–50 x den Aufschlag mit jeder Schlägerseite. Leider wird das Aufschlagspiel viel zu wenig intensiv geübt. Machen Sie es anders: Spielen Sie sich mit Ihrem Partner serienweise einen bestimmten Aufschlag zu, und Sie werden schnell merken, wie wirkungsvoll das ist. Denken Sie daran: Der eigene Aufschlag soll Ihnen einen Vorteil verschaffen.

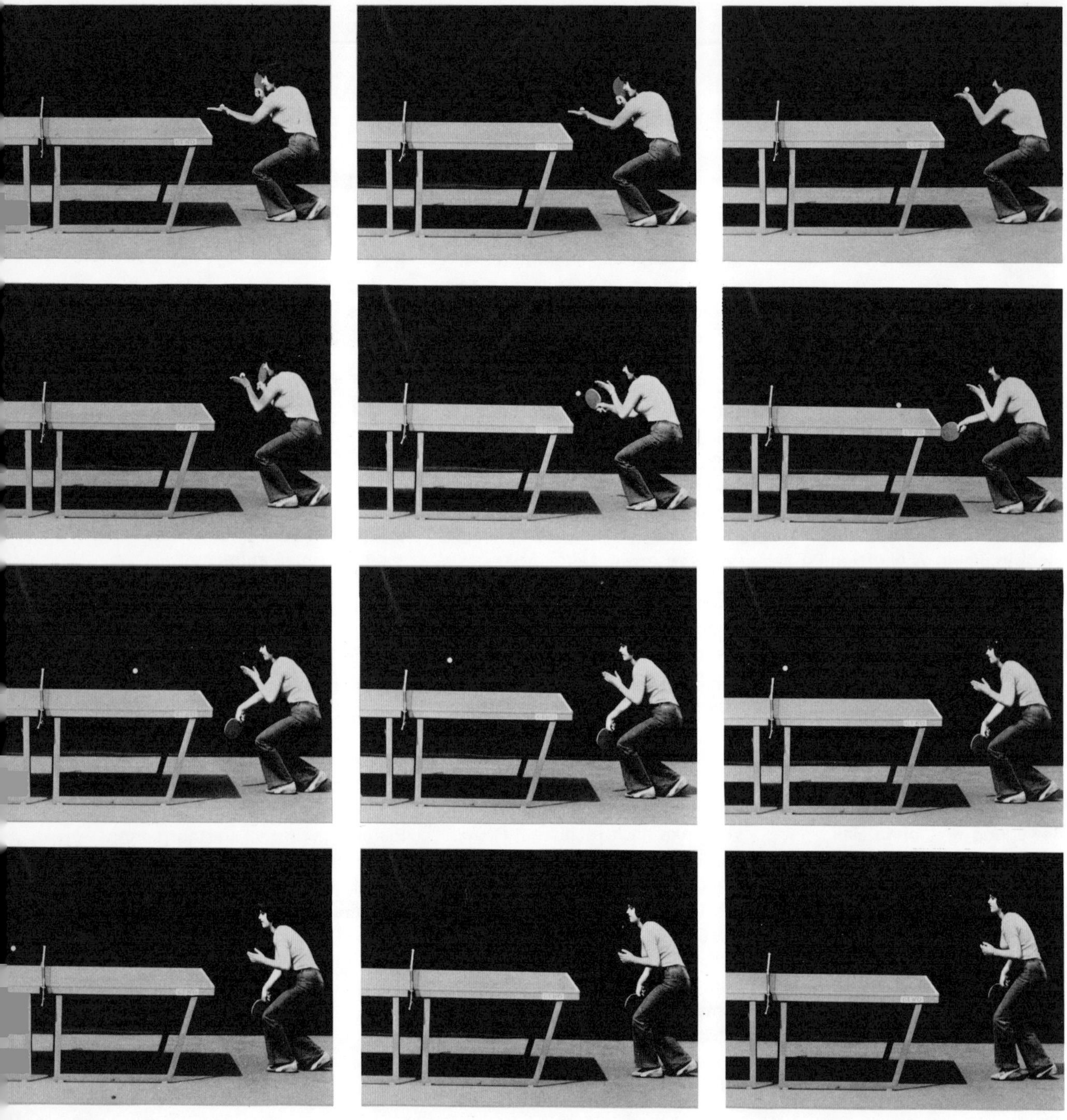

◀ VH-Aufschlag mit Seitenschnitt und nach oben gestelltem Schlägerblatt

VH-Aufschlag mit Seitenschnitt und nach unten gestelltem Schlägerblatt

◄ Japanische Spitzenspielerin beim vorbildlichen Schupfball

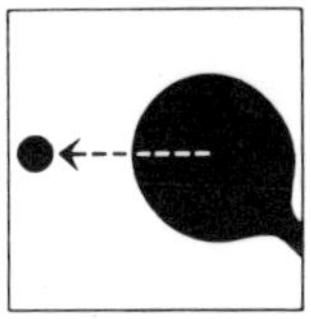

Schupfball

Technik

- Der Ball wird seitlich vor oder neben dem Körper getroffen (je nach Länge des ankommenden Balles). Treffpunkt*: im höchsten Punkt.
- Das Schlägerblatt ist senkrecht bis geöffnet (siehe: Wichtig).
- Die Bewegung des Schlagarmes verläuft waagerecht von hinten nach vorn. Der Arm ist in der Endphase gestreckt und in Netznähe.
- Das Körpergewicht wird bei der Ausholphase auf das hintere Bein verlagert und kommt dann, während der Einschwungphase bis zur Endphase des Bewegungsablaufs, auf das vordere Bein.
- Die Fußstellung (Rechtshänder)**.

RH = linker Fuß zurück, rechter Fuß vor
VH = linker Fuß vor, rechter Fuß zurück

Ausnahme bei VH:

1. Muß der Ball in der Tischmitte gespielt werden, stehen die Füße etwa parallel zur Grundlinie.
2. Muß der Ball in der Nähe des Netzes gespielt werden, steht der rechte Fuß vor und der linke zurück.

Bemerkung: Diese Ausnahme bei der Fußstellung in der VH-Stellung muß bei allen Schlagarten angewendet werden, wo der Ball in oder vor der Mitte des Tisches gespielt werden muß. Der Grund muß darin gesehen werden, daß bei der VH der Schlagarm hinter dem Schultergürtel liegt. Um trotzdem dicht hinter dem Netz plazierte Bälle zu erreichen, muß diese extreme Stellung eingenommen werden, obwohl sie biomechanisch ungünstig ist.

Übungsformen

- Den Ball mit RH und senkrecht gestelltem Schläger über das Netz in die Tischmitte des Partners »schupfen«.
- Dieselbe Form, nur mit leicht geöffnetem Schläger.
- Diese Übungsformen mit VH, danach im Wechsel mit VH und RH.
- Kurze und lange Schupfbälle dem Partner zuspielen.
- Diagonales und paralleles Zuspiel (Wechsel von beidem).

Fehler – Fehlerquelle = Fehlerkorrektur

- Ball geht über die Grundlinie des Partners – zu starker Schub des Schlagarmes = Bewegungsablauf des Körpers und des Schlagarmes korrigieren.
- Ball geht über die Seitenlinie des Partners – Schlagarm schwingt nicht nach vorn = Bewegungsrichtung des Schlagarmes korrigieren und die Grundstellung verbessern.
- Ball geht in das Netz – Schlagarm schwingt nicht nach vorn = Schlagarm konsequent netzwärts führen.

Wichtig: Der Schupfball ist der »Grundball« des Tischtennisspiels. Es ist der einfachste Schlag; aber dadurch, daß sich viele weitere Schlagarten auf ihn aufbauen, muß er technisch perfekt beherrscht werden. Durch ein senkrecht gestelltes Schlägerblatt bekommt er so gut wie keinen Schnitt, ein geöffnetes Schlägerblatt erzeugt einen Unterschnitt. Der Schupfball hält den »Spielfluß« offen und gilt deshalb auch als »Sicherheitsball«. So wird er immer dann angewandt, wenn es »kritisch« wird. Deshalb: Schupfen Sie gut!

---

* Treffpunkt: Punkt der Flugbahn, in der der Ball getroffen werden soll.

Wir unterscheiden dabei 3 Phasen:

1. steigende Phase = Phase zwischen Aufsprung des Balles und Erreichen des höchsten Punktes.
2. höchster Punkt = Grenzpunkt zwischen steigender und fallender Phase.
3. fallende Phase = Phase zwischen höchstem Punkt und Fallen des Balles nach unten.

** Bei den nachfolgenden Beispielen gehen wir stets von Spielern aus, die Rechtshänder sind.

RH-Schupfball

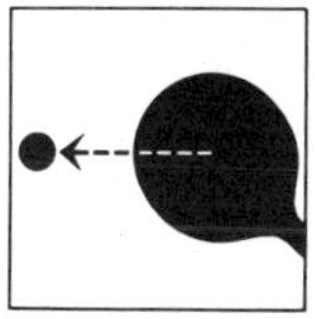

VH-Schupfball

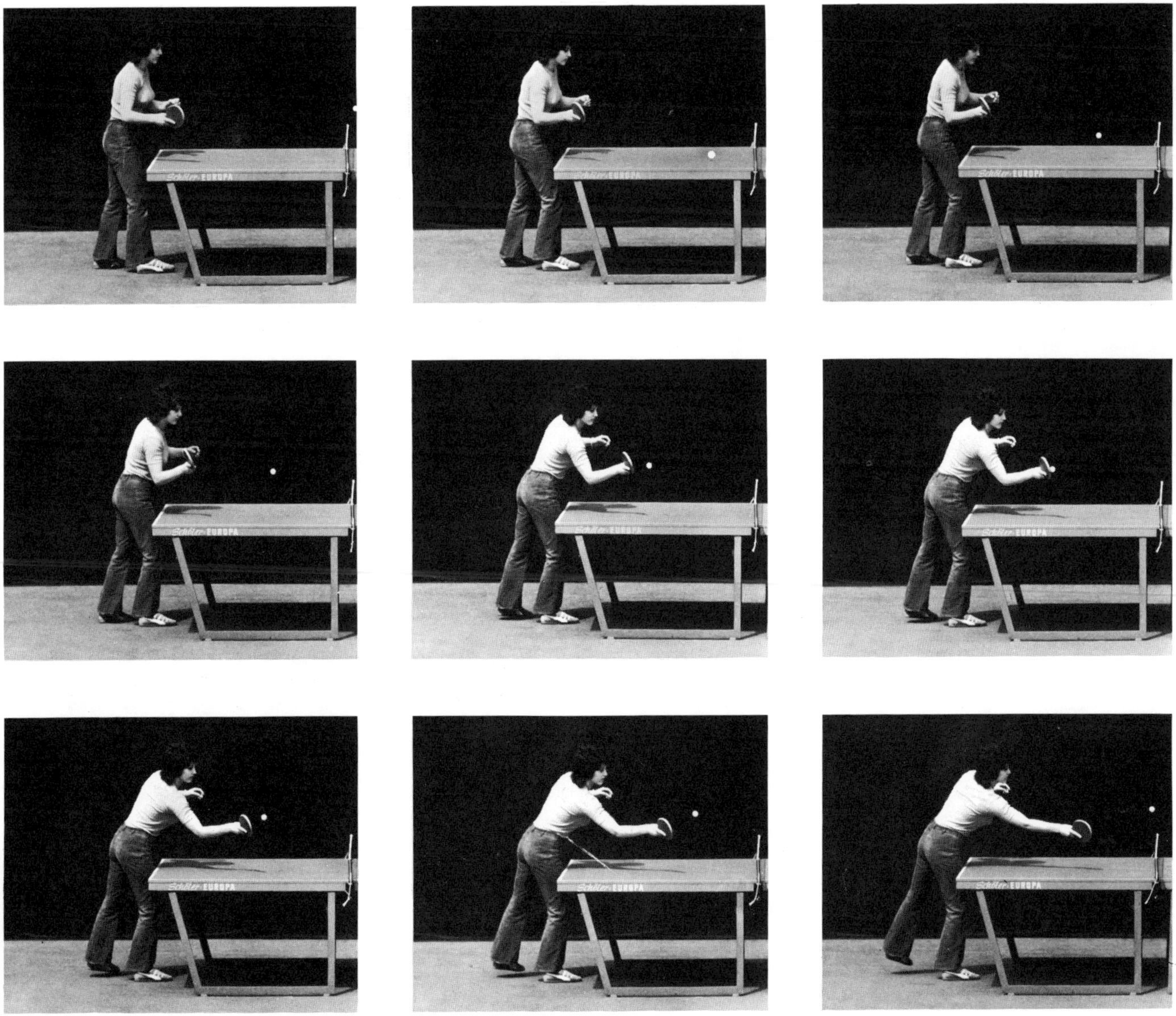

R DU BUY
COR DU BUY

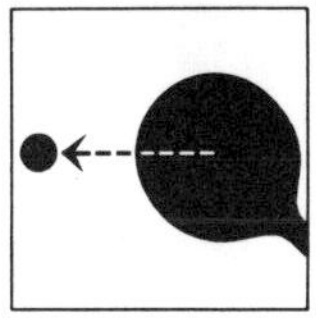

◀ Istvan Korpa (Jugoslawien), einer der besten Konterspieler der Welt, beim VH-Konterball

Konterball

Technik

- Der Ball wird seitlich vor oder neben dem Körper getroffen. Treffpunkt: in der steigenden Phase.
- Das Schlägerblatt ist leicht geschlossen.
- Die Bewegung des Schlagarmes verläuft von hinten-unten nach vorn-oben. Sie ist kurz (30–50 cm).
- Die Verlagerung des Körpergewichtes und die Fußstellung geschieht wie beim Schupfball. Die beim VH-Schupfball angegebene Ausnahmeregelung trifft für diese Schlagart ebenfalls zu.

Übungsformen

- Den Ball auf den Grundlinienbereich des Tisches fallen lassen und mit RH spielen.
- Die zugeworfenen Bälle des Partners kontern.
- Beide Partner kontern mit RH bzw. VH.
- Diagonales und paralleles Zuspiel.
- Schlagen von weichen und harten Konterbällen.
- Markierte Trefferfelder in der Hälfte des Partners anspielen.

Fehler – Fehlerquelle = Fehlerkorrektur

- Ball geht ins Netz – Schlägerblatt zu sehr geschlossen oder Bewegung des Schlagarmes zu waagerecht = Schlägerblatt nur leicht schließen, Bewegung des Schlagarmes nach vorn-oben.
- Ball geht über die Grundlinie – Schlägerblatt senkrecht oder sogar geöffnet = Schlägerblatt schließen.
- Ball geht über die Seitenlinie – falsche Grundstellung oder Schlagarm schwingt nicht nach vorn = Grundstellung verbessern, Schlagarm netzwärts schwingen.

Wichtig: Der Konterball gehört zu den meistgespielten Schlagarten. Da er bereits in der steigenden Phase getroffen wird, macht er das Spiel natürlich sehr schnell. Um erfolgreich kontern zu können, muß eine außerordentlich gute Beweglichkeit der Lendenwirbelsäule und eine schnelle Bewegung des Schlagarms gegeben sein.
Deshalb: Achten Sie auf eine gute Grundstellung und bleiben Sie ständig in Bewegung.

Weltmeister Stellan Bengtsson beim RH-Konterball

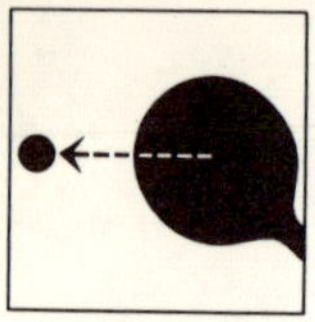

Treibball

Technik

- Der Ball wird seitlich vor oder neben dem Körper getroffen. Treffpunkt: in der fallenden Phase.
- Das Schlägerblatt steht senkrecht oder es ist leicht geschlossen.
- Die Bewegung des Schlagarms verläuft von hinten-unten nach vorn-oben.
  Sie ist lang (70–100 cm).
- Das Körpergewicht verlagert sich wie beim Schupf- und Konterball.
- Die Fußstellung: RH = linker Fuß zurück, rechter Fuß vor; VH = Linker Fuß vor, rechter Fuß zurück.
  Die Füße sind etwas weiter auseinandergestellt als beim Schupf- und Konterball, da die Schwungphase des Armes wesentlich länger ist, der Körper also durch eine breitgestellte Fußstellung besser stabilisiert werden kann.

Übungsformen:

- Den Ball auf den Grundlinienbereich fallen lassen und langsam und hoch über das Netz treiben.
- Einen zugespielten Schupfball oder Unterschnitt-Aufschlag zurücktreiben.
- Einen zugespielten Unterschnittball zurücktreiben.
- Weitere Übungsformen wie unter »Konterball«.

Fehler – Fehlerquelle = Fehlerkorrektur

- Ball geht ins Netz – Schlägerblatt zu sehr geschlossen, Bewegung des Schlagarmes zu kurz und langsam, Bewegung des Schlagarmes zu waagerecht = Schlägerblatt senkrechter stellen und Bewegungsrichtung des Schlagarmes korrigieren.
- Ball geht über die Grundlinie – zu weit geöffnetes Schlägerblatt = Schlägerblatt korrigieren.
- Ball geht neben die Seitenlinie – falsche Grundstellung oder Schlagarm schwingt nicht nach vorn = konsequentes Durchschwingen des Schlagarmes nach vorn und Grundstellung verbessern.

Wichtig: Wesentlich für die Durchführung des Balles ist eine korrekte Körper- und Fußstellung. Außerdem muß darauf geachtet werden, daß diese Schlagart als Vorbereitung des Schmetterballes gilt. Sicherheit ist deshalb vorrangig.
Der Treibball darf grundsätzlich nur dann angewendet werden, wenn der Partner einen Schupf- oder Unterschnittball serviert.

RH-Treibball

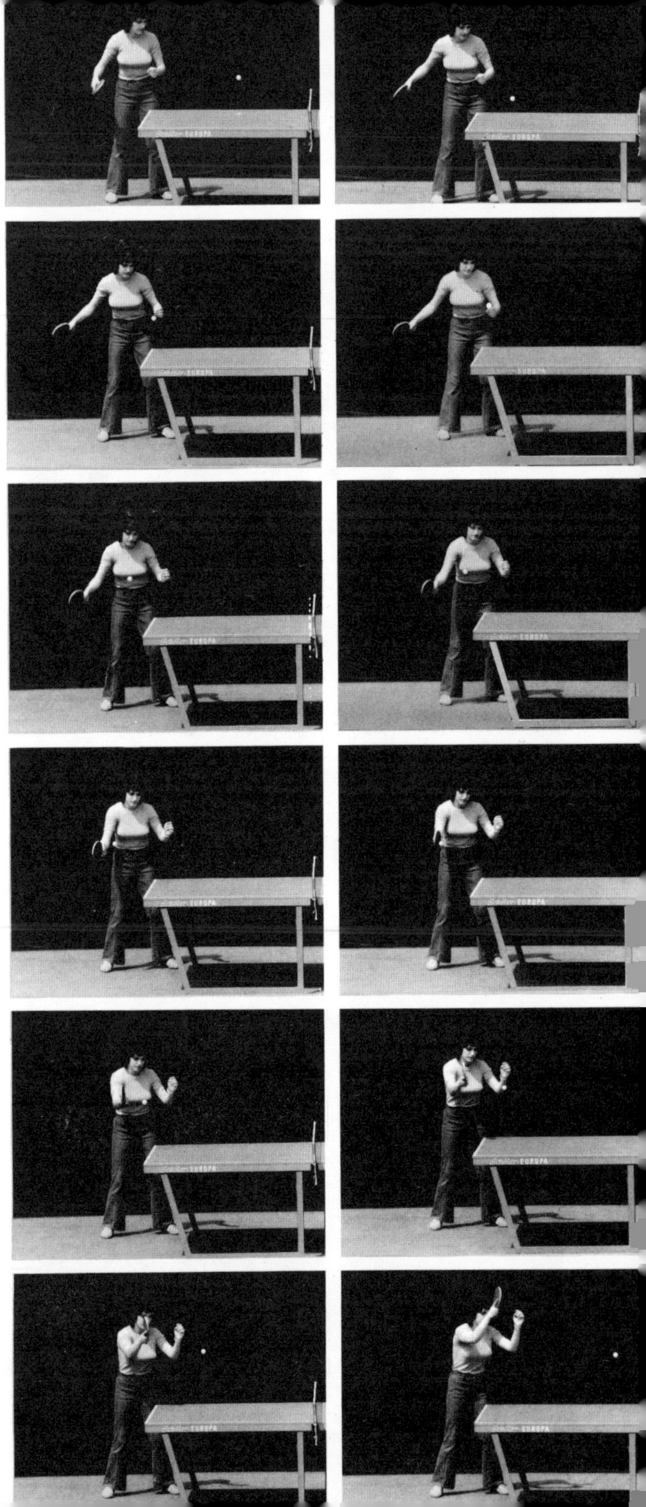

VH-Treibball

Endphase eines
VH-Schmetterballes

Schmetterball

Technik

- Der Ball wird seitlich neben dem Körper getroffen (siehe: Wichtig). Treffpunkt: im höchsten Punkt.
- Das Schlägerblatt ist leicht geschlossen.
- Die Bewegung des Schlagarmes verläuft grundsätzlich von hinten nach vorn. Die Bewegungsrichtung kann bei diesem Schlag sowohl waagerecht als auch schräg von hinten-unten nach vorn-oben sein. Sie wird bestimmt von dem höchsten Punkt, in dem der Ball getroffen werden muß. Die Bewegung ist lang (80–120 cm) und extrem schnell.
- Die Verlagerung des Körpergewichts und die Fußstellung sind wie beim Treibball.

Übungsformen

- Den Ball auf den Grundlinienbereich fallen lassen und dann im höchsten Punkt spielen. Denken Sie daran: Erst wenn Sie die Bälle gut und sicher treffen, sollten Sie die Schlagstärke steigern.
- Einen vom Partner hoch zugeworfenen oder zugespielten Ball schmettern.
- Der Partner »serviert« Ihnen Ballon- oder Unterschnittbälle, damit Sie in Ruhe und Sachlichkeit diese schnellste Schlagart durchführen können.
  Auch hier lautet wieder die Zielsetzung: Vom Einfachen zum Schweren!
  Deshalb: Zunächst spielt der Partner diese Bälle »aus der Hand« zu und dann aus der Spielsituation.
- Weitere Übungsformen wie unter »Konterball«.

Fehler – Fehlerquelle = Fehlerkorrektur

- Ball geht ins Netz – Schlägerblatt zu sehr geschlossen, Bewegung des Schlagarmes zu kurz und langsam, der Ball war bereits in der fallenden Phase als er getroffen wurde = Schlägerblatt korrigieren, Bewegung des Schlagarmes schneller, Ball im höchsten Punkt treffen.
- Ball geht über die Grundlinie – Ball in der aufsteigenden Phase oder mit senkrecht gestelltem Schlägerblatt getroffen = Ball im höchsten Punkt treffen, Schlägerblatt korrigieren.
- Ball geht neben die Seitenlinie – Fuß- und Körperstellung nicht korrekt, falsche Bewegungsrichtung des Schlagarmes = Grundstellung verbessern, Bewegung des Schlagarmes geht netzwärts. Darauf achten, daß der Körper nicht zu stark routiert.
- Ball bekommt keine Schnelligkeit – ungenügende Ausholbewegung oder unzureichendes Mitschwingen des Körpers in die Bewegungsrichtung des Balles = frühzeitige und weite Ausholbewegung, Körper schwingt aktiv nach vorn.

Bemerkung: Es muß darauf hingewiesen werden, daß stilistische Unterschiede in der Bewegungsführung des Schlagarmes vorhanden sind. Sie ergeben sich grundsätzlich aus der Größe des Spielers. Wesentlich ist jedoch die Feststellung, daß dadurch zum Zeitpunkt des Balltreffens minimale Abweichungen in der Stellung des Schlägerblattes gegeben sind.

Training des Schmetterballes durch Zuwerfen von Bällen

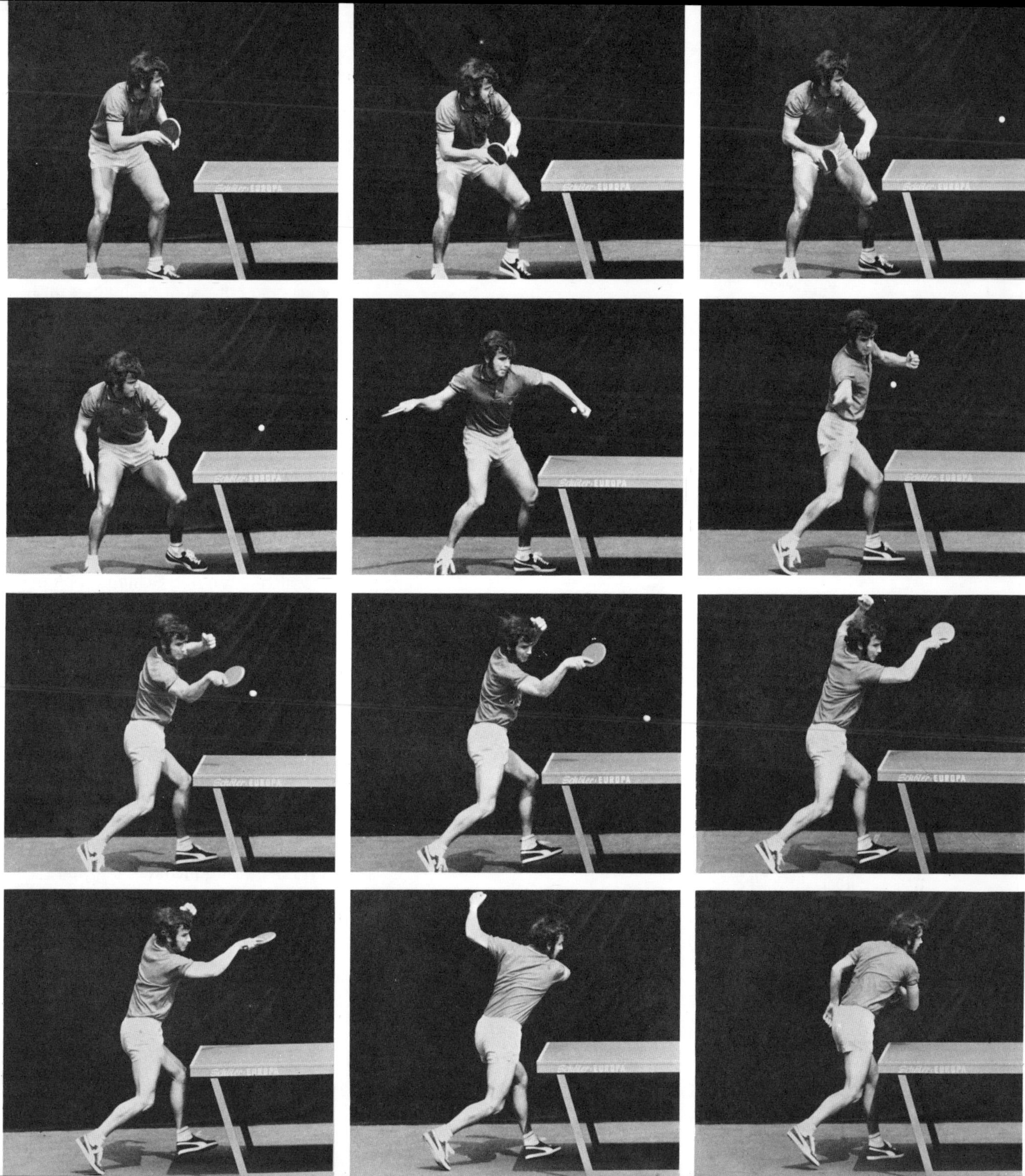

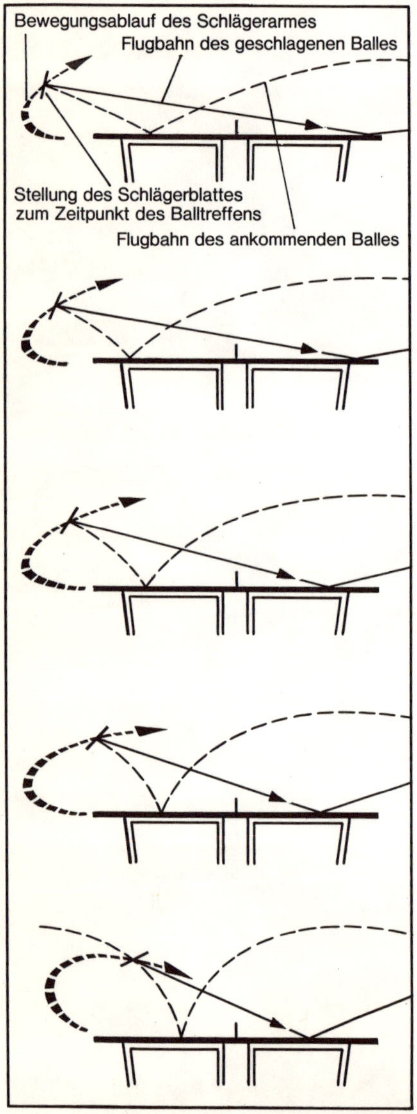

Vielfältige Bewegungsmöglichkeiten des Schlagarmes beim Schmetterball

Wichtig: Die Flugbahn des Schmetterballes verläuft geradlinig. Der Ball wird also »direkt« geschlagen und bekommt deshalb eine so enorme Geschwindigkeit (bis 170 km/h).
Da der Spieler sich bemühen muß, den Ball im höchsten Punkt zu schlagen, kann deshalb sogar im Extremfall die Bewegung des Schlagarmes von oben-hinten nach unten-vorn erfolgen. Dabei wird das Schlägerblatt um so mehr geschlossen, je höher der Ball getroffen wird.
Die Vielfältigkeit der Bewegungsmöglichkeiten des Schlagarmes gerade bei dieser Schlagart sollen die nebenstehenden Graphiken verdeutlichen.
Zum Üben aller Schlagarten hat sich übrigens die *Ballkiste* außerordentlich bewährt. Dabei werden 30–50 in einer Schachtel oder Kiste befindliche Bälle in rhythmischer Folge dem Partner zugeworfen oder zugespielt. Die Vorteile dieser Methode liegen in dem langanhaltenden Übungsprozeß und in der Möglichkeit, die Bälle genau zu plazieren und sofortige Fehlerkorrekturen beim Üben vorzunehmen.

Das Ehepaar Diane und Eberhard Schöler
– absolute Weltklassespieler im
Verteidigungssystem

VH-Unterschnittball

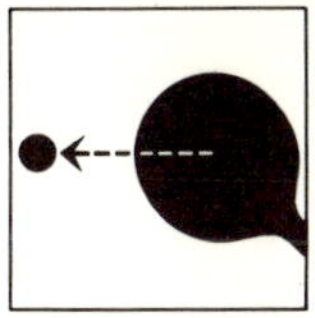

Unterschnittball

Technik

- Der Ball wird seitlich neben dem Körper getroffen. Treffpunkt: in der fallenden Phase (siehe: Wichtig).
- Das Schlägerblatt ist geöffnet.
- Die Bewegung des Schlagarmes verläuft von hinten-oben nach vorn-unten. Sie ist mittellang (40–70 cm).
- Das Körpergewicht wird auch bei diesem zu spielenden Ball bei der Ausholphase auf das hintere Bein verlagert und wird dann, während der Einschwungphase, auf das vordere Bein gebracht. Beachtenswert ist die Tatsache, daß der Körper dabei eine Hoch-Tiefbewegung ausführt. Man wird »kleiner«. Der Grund liegt darin, daß durch diese Maßnahme eine noch bessere Feinkoordination möglich ist.
- Die Fußstellung ist wie beim »Treibball«.

Übungsformen

- Spielen eines langen Schupfballes.
- Zugeworfene und gespielte Bälle unterschneiden.
- Treibbälle des Partners mit Unterschnitt zurückspielen.
- Wechsel von Schupf- und Unterschnittbällen.
- Markierte Felder in der Hälfte des Partners treffen.
- Diagonales und paralleles Zuspiel zum Partner.
- Ständiger Wechsel zwischen VH und RH.
- Ständiger Wechsel zwischen hoch (Hüfthöhe) und tief (Kniehöhe) angenommenen Bällen.

Fehler – Fehlerquelle = Fehlerkorrektur

- Ball geht ins Netz – Schlägerblatt senkrecht bis geschlossen, Bewegung des Schlagarmes zu senkrecht = Schlägerblatt öffnen, Bewegung des Schlagarmes schräg nach vorn.
- Ball geht über die Grundlinie – Ball zu früh angenommen, Bewegung des Schlagarmes zu schnell = Ball erst in der fallenden Phase treffen, Bewegung des Schlagarmes langsamer.
- Ball geht über die Seitenlinie – falsche Körper- oder Fußstellung, Bewegung des Schlagarmes ist nicht nach vorn gerichtet = Grundstellung verbessern, Bewegung des Schlagarmes erfolgt netzwärts.

Wichtig: Im Gegensatz zu den Angriffsschlagarten bleibt der Schlagarm beim Unterschnittball dichter am Körper. Der Oberarm darf, wie überhaupt bei keinem Schlag, nicht an den Körper angelegt werden. Er ist immer frei vom Körper. Unterschnittbälle werden zwar grundsätzlich in der fallenden Phase gespielt, sie können aber ab und zu im höchsten Punkt und sogar auch in der aufsteigenden Phase angenommen werden (siehe Kapitel »Taktik«). Das Spielen dieser Unterschnittbälle ist allerdings schwerer als das Spielen von Unterschnittbällen in der fallenden Phase. Die Bewegungsführung des Schlagarmes ist ebenfalls anders: Sie verläuft steiler von hinten-oben nach vorn-unten und ist auch kürzer (30–60 cm).
Denken Sie vor allem daran, daß der Unterschnittball ein »Sicherheitsball« ist. Deshalb muß er auch sicher gespielt werden. Das erreichen Sie durch eine ständig gute Grundstellung zum Ball, die wiederum nur durch viel Bewegung, Elastizität in den Kniegelenken und ein großes Laufpensum zu erreichen ist.

Jochen Leiß beim VH-Stoppball

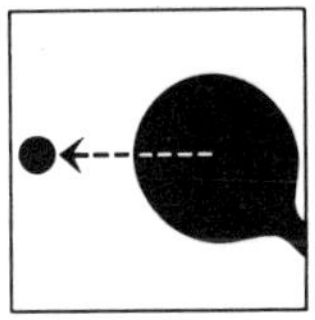

Stoppball

Technik

- Der Ball wird seitlich vor oder neben dem Körper getroffen. Treffpunkt: in der aufsteigenden Phase (unmittelbar nach dem Aufspringen des Balles).
- Das Schlägerblatt ist weit geöffnet.
- Die Bewegung des Schlagarmes erfolgt fast waagerecht von hinten nach vorn. Sie ist kurz (30–50 cm).
- Die Verlagerung des Körpergewichts und die Fußstellung sind wie beim Schupfball (beachte auch Ausnahme bei VH).

Übungsformen

- Ball in die Mitte der eigenen Hälfte fallen lassen und unmittelbar nach dem Aufspringen spielen.
- Zugeworfene Bälle stoppen, zuerst mit RH und dann mit VH.
- Die vom Partner mit Unterschnitt (Schupf- und Unterschnittball) herübergespielten Bälle stoppen.
- Wechsel zwischen Treibball und Stoppball.
- Wechsel zwischen Schmetterball und Stoppball.
- Spielformen: z. B. Treibball, Schmetterball, Stoppball. Hier können Sie neue Spielformen zusammenstellen, bei denen Sie Angriffsschlagarten üben und zwischendurch Stoppbälle einstreuen.

Fehler – Fehlerquelle = Fehlerkorrektur

- Ball geht ins Netz – Schlägerblatt senkrecht oder geschlossen, Bewegung des Schlagarmes zu kurz oder nicht waagerecht = Schlägerblatt öffnen, Bewegung des Schlagarmes waagerecht und länger.
- Ball geht über die Grundlinie – Schlägerblatt zu extrem geöffnet, zu schnelle und lange Bewegung des Schlagarmes = Schlägerblatt korrigieren, Bewegung des Schlagarmes ruhiger und kürzer.
- Ball geht neben die Seitenlinie – Bewegung des Schlagarmes nicht nach vorn gerichtet, Körper- und Fußstellung falsch = Schlagarm in Richtung Netz schwingen, Körper- und Fußstellung richtigstellen.

Wichtig: Der Stoppball soll den Gegner aus dem Spielrhythmus bringen, zur Laufarbeit zwingen und zu einer nicht mehr kontrollierten Rückgabe des Balles veranlassen. Deshalb sind nur die Stoppbälle wirkungsvoll, die unmittelbar hinter dem Netz plaziert werden können. Aus diesem Grund verlangt das Spielen dieses Balles viel »Ballgefühl«.
Merke: Alle Stoppbälle, die auf der Hälfte des Partners mindestens zweimal aufspringen würden, sind gut. Bälle, die zu lang »gestoppt« werden, bereiten dem Partner keine Schwierigkeiten. Außerdem sollte ein Stoppball im Ansatz schwer erkennbar sein. Man täuscht deshalb zweckmäßigerweise den Bewegungsablauf eines Angriffsschlages vor, um dann einen Stoppball folgen zu lassen.
Merke besonders: Stets zweckmäßig spielen! Deshalb keinen Stoppball versuchen, wenn Sie die Chance zum Schmetterball haben.

VH-Stoppball

Karakasevic (Jugoslawien) beim RH-Blockball. Er gehört zu den wenigen europäischen Spitzenspielern, die die Penholder-Haltung bevorzugen

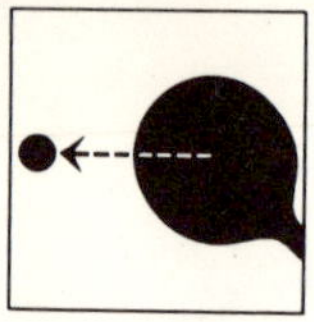

Blockball

Technik

- Der Ball wird seitlich vor dem Körper getroffen. Treffpunkt: in der aufsteigenden Phase (unmittelbar nach dem Aufspringen).
- Das Schlägerblatt ist je nach der Stärke der Vorwärtsrotation des ankommenden Balles geschlossen bis senkrecht. Bei RH wird das Schlägerblatt seitlich und in Verlängerung des Unterarmes, und bei VH wird es schräg-hoch bis hoch gehalten (schräg-hoch: wenn der Ball seitlich vor dem Körper gespielt wird, hoch: wenn der Ball vor dem Körper gespielt wird).
- Achtung: eine Bewegung des Schlagarmes findet nicht statt (siehe Wichtig).
- Auch das Körpergewicht verlagert sich nicht. Das Körpergewicht ruht beim RH-Blockball auf beiden vorderen Fußballen, beim VH-Blockball kann eine Belastung des vorderen Fußballens verzeichnet werden.
- Die Fußstellung: RH = nebeneinander; VH = linker Fuß ein wenig vor dem rechten.

Übungsformen

- Zugeworfene Bälle in die Tischmitte des Partners blocken.

VH-Blockball

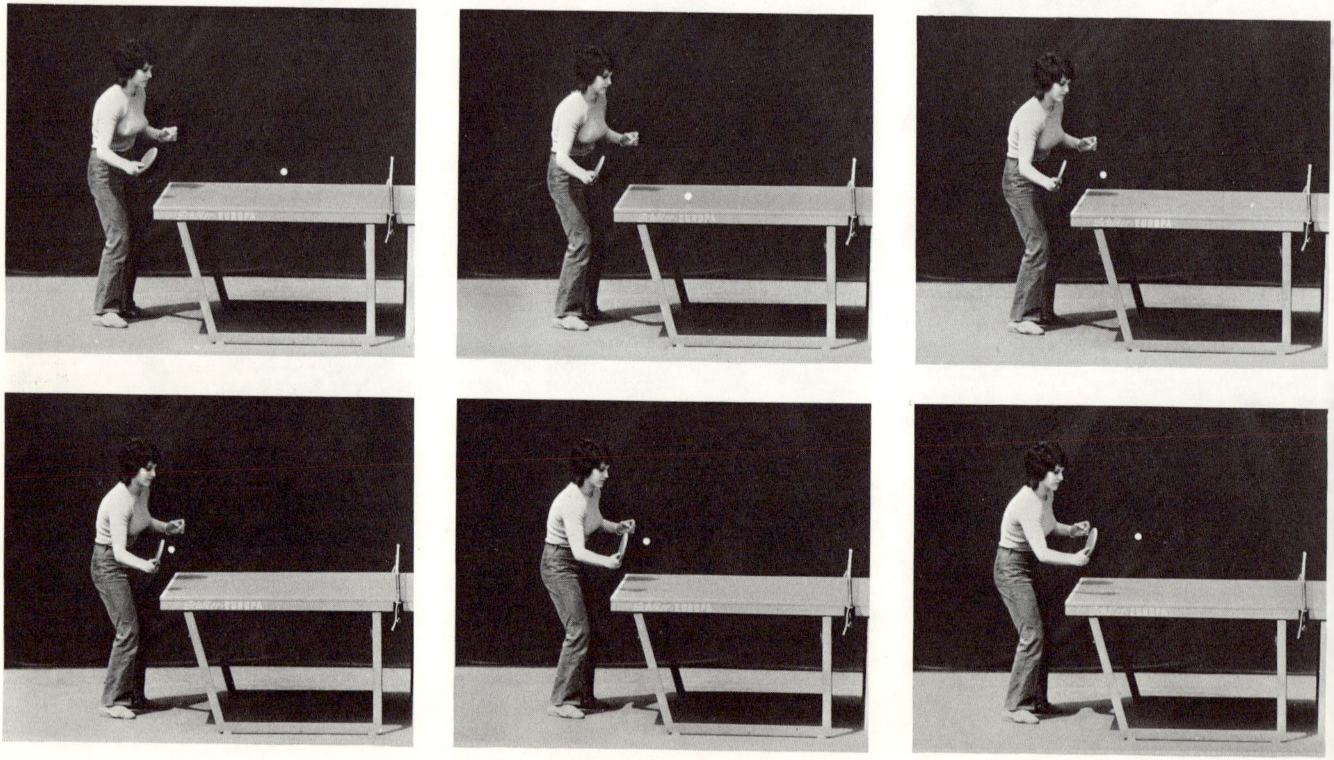

- Die vom Partner mit einem Treibschlag zugespielten Bälle blocken.
- Wechsel von Konter- und Blockball.
- Wechsel von Treib- und Blockball.
- Wechsel von VH- und RH-Blockbällen.
- Spielformen: 2 x Konter- und 1 x Blockball, oder 2 x Konter-, 2 x Treib- und 1 x Blockball.
  Sie können sich weitere Spielformen zusammenstellen.

Fehler — Fehlerquelle = Fehlerkorrektur

- Ball geht ins Netz — Schlägerblatt zu stark geschlossen = Schlägerblatt senkrecht stellen.
- Ball geht über die Grundlinie — Schlägerblatt zu stark geöffnet, Schlagarm nicht richtig gestellt = Schlägerblatt senkrecht stellen, keine Bewegung mit dem Schlagarm.
- Ball geht neben die Seitenlinie — Schlägerblatt nicht parallel zum Netz, Fuß- und Körperstellung falsch = Schlägerblatt richtig stellen, Körper- und Fußstellung korrigieren.

Wichtig: Alle Angriffsschlagarten können durch einen Blockball erwidert werden. Der Blockball nimmt eine Sonderstellung bei den Schlagarten des Tischtennisspiels ein, da er sowohl als Angriffs- als auch als Verteidigungsball gelten kann. In jedem Spielsystem wird er deshalb als Schlagart benutzt: Der Verteidigungsspieler versucht ihn häufig, wenn er keine Chance mehr sieht, wieder in den Verteidigungsbereich weit hinter der Grundlinie zu kommen, der Angriffs- und Halbdistanzspieler, um einen Angriffsball des Partners abzublocken.
Die Stellung des Schlägerblattes schwankt zwischen senkrecht (bei der Annahme von Konterbällen) bis extrem geschlossen (bei der Annahme von Topspin-Bällen).
Wird ein »weich« geschlagener Ball im Grundlinienbereich abgeblockt, so erfolgt ausnahmsweise ein geringer, etwa 10 cm langer Schub des Schlagarmes nach vorn.

Der Unterschied zwischen einem Block- und einem Konterball:

Blockball: keine oder nur minimale waagerechte Bewegung des Schlagarmes, unmittelbares Annehmen des Balles nach dem Aufsprung.
Konterball: deutliche Bewegung des Schlagarmes von hinten-unten nach vorn-oben, Ball wird später getroffen.
Der Blockball erfordert wie der Stoppball außerordentlich viel Feinkoordination und Ballgefühl. Deshalb lockern einige Spieler bei der Anwendung dieses Schlages die Griffhaltung. Das Handgelenk ist ebenfalls nicht fixiert.

VH-Blockball

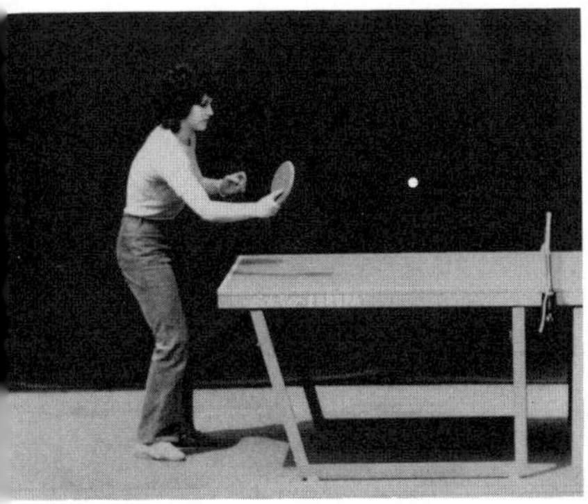
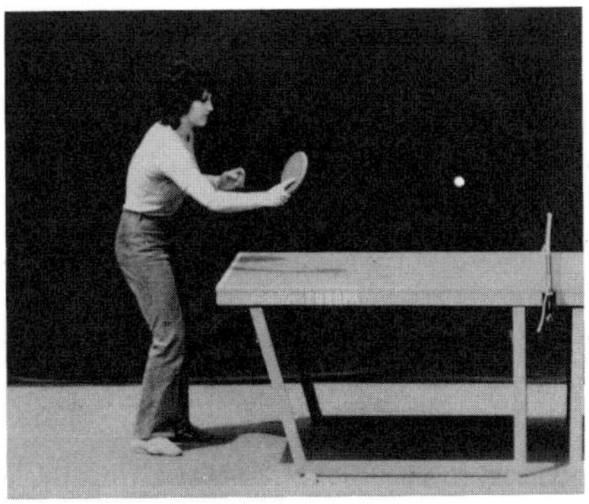

◄ Conny Freundorfer, einer der populärsten deutschen Spieler, beim Ballonball

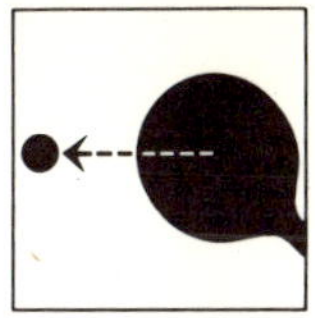

Merke besonders: Viele Spieler haben Angst, einen harten Schmetterball unmittelbar nach dem Aufsprung zu blocken. Sie fallen, durch die kurze Distanz und den mit Rasanz ankommenden Ball beeindruckt, ins Hohlkreuz, und das Schlägerblatt wird dadurch nicht mehr kontrolliert gegen den Ball gestellt. Denken Sie daran: Ein Tischtennisball, sei er auch noch so hart geschlagen, kann Sie nicht verletzen. Deshalb können Sie auch dem härtesten Ball mit Entschlossenheit und mit offenen Augen durch einen Blockball begegnen.

Ballonball

Technik

- Der Ball wird seitlich vor dem Körper getroffen. Treffpunkt: in der fallenden Phase.
- Das Schlägerblatt ist geöffnet (siehe: Wichtig).
- Die Bewegung des Schlagarmes verläuft von hinten-unten nach vorn-oben. Sie ist lang (70 bis 100 cm).
- Die Körper- und Fußstellung ist wie beim Unterschnittball.
- Die Verlagerung des Körpergewichts ähnelt ebenfalls der des Unterschnittballes. Allerdings vollzieht im Gegensatz zum Unterschnittball der Körper nun eine Tief-Hoch-Bewegung. Er richtet sich also auf.

Übungsformen

- Den Ball wie zum Aufschlag hochwerfen und dann als Ballonball dem Partner zuspielen.
- Den vom Partner zugespielten Treibball als Ballonball retournieren.
- Desgleichen, Partner spielt jedoch Schmetterball.
- Wechsel von Unterschnitt- und Ballonball.
- Wechsel von Treib- und Ballonball.
- Spielformen: Schupf-, Unterschnitt- und Ballonball, oder Konter-, Treib- und Ballonball, usw.
- Kurz- und lang plazierte Ballonbälle.
- Diagonal und parallel plazierte Ballonbälle.
- Wechsel von VH- und RH-Ballonbällen.

Fehler — Fehlerquelle = Fehlerkorrektur

- Ball geht ins Netz — Schlägerblatt senkrecht oder geschlossen, Bewegung des Schlagarmes zu kurz = Schlägerblatt öffnen, Bewegung des Schlagarmes vergrößern.
- Ball geht über die Grundlinie — Schlägerblatt zu extrem geöffnet, Bewegung des Schlagarmes zu schnell und lang = Schlägerblatt richtigstellen, Bewegung des Schlagarmes kürzer.
- Ball geht neben die Seitenlinie — falsche Bewegungsrichtung des Schlagarmes (Schlägerblatt verkantet), Fuß- und Körperstellung korrigieren.

Wichtig: Auch beim Ballonball kann das Schlägerblatt senkrecht oder sogar geschlossen gegen den Ball geführt werden. Die Bewegung des Schlagarmes ist dann verstärkt nach vorn gerichtet. Der Ball erhält durch die Änderung forcierten Vorwärtsdrall. Der Regelfall ist jedoch der Schlag mit geöffnetem Schlägerblatt, zumal diese Form der Ausführung auch die leichteste ist.
Zu beachten sind zwei Grundsätze:
Der Ball soll möglichst hoch gespielt werden,
der Ball soll möglichst im Grundlinienbereich des Partners aufspringen.
Nur so gewinnen wir Zeit und lassen außerdem dem Partner nicht die Möglichkeit, den Ball hart zu schmettern.

VH-Ballonball

Chinesischer Spieler beim Ansatz zu einem RH-Ballonball

Dragutin Surbek (Jugoslawien) bei der Endphase eines VH-Ballonballes

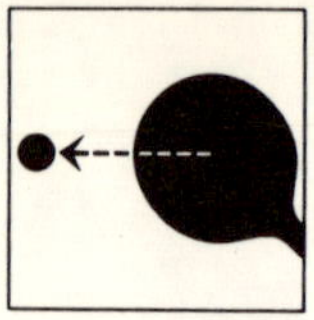

Topspin-Ball

Technik

- Der Ball wird seitlich vor oder neben dem Körper getroffen. Treffpunkt: grundsätzlich in der fallenden Phase, kann aber auch vorher getroffen werden (siehe: Wichtig).
- Das Schlägerblatt ist leicht geöffnet bis senkrecht.
- Die Bewegung des Schlagarmes verläuft von hinten-unten nach vorn-oben. Sie ist lang (80 bis 120 cm).
- Eine Verlagerung des Körpergewichts ist grundsätzlich gegeben (wie beim Treibball). Bei extrem hochgespielten Topspin-Bällen kommt es allerdings nur zu einer Aufrichtung des Körpers.
- Beim Topspin-Ball wird eine extreme Körper- und Fußstellung eingenommen. Das gilt besonders beim VH-Topspin. Hierbei steht der Körper in einem Winkel von 90° zur Grundlinie. Dasselbe gilt für die Füße, die schulterbreit auseinandergesetzt sind. Beim RH-Topspin steht der Körper schräg zum Tisch.

Übungsformen

- Ball wie beim Aufschlag hochwerfen und dann steil hochspielen (möglichst über eine 2 m hohe Schnur).
- Einen halben Meter vor einer Wand stehen und den Ball, wie bei der vorangegangenen Übung, steil hochspielen.
- Übungsreihe: aus dem Kniestand, der tiefen und der halben Hocke serienweise den Ball wie beim Aufschlag hochwerfen und hoch über das Netz auf die Tischhälfte des Partners spielen.

Beachte Übungsverbindungen:

- Partner blockt die ankommenden Topspin-Bälle ab.
- Topspin-Ball auf Unterschnittaufschlag des Partners.
- Topspin-Ball auf Schupfball und Unterschnittball des Partners.
- Topspin-Ball auf alle weiteren Schlagarten bis hin zum Spiel: Topspin-Ball gegen Topspin-Ball.
- Diagonale und parallele sowie kurze und lange Topspin-Bälle.
- Tiefe, halbhohe und hohe Topspin-Bälle.
- Wechsel von Konter- und Topspin-Bällen usw.
- Spielformen: Konter-, Treib- und Topspin-Ball usw.
- Wechsel von VH- und RH-Topspin-Bällen.

Fehler – Fehlerquelle = Fehlerkorrektur

- Ball geht ins Netz – Schlägerblatt zu stark geschlossen, Bewegung des Schlagarmes zu langsam und kurz = Schlägerblatt öffnen, Bewegung des Schlagarmes verstärken.
- Ball geht über die Grundlinie – Schlägerblatt zu stark geöffnet, Ball in der steigenden Phase getroffen = Schlägerblatt richtigstellen, Ball erst in der fallenden Phase treffen.
- Ball geht neben die Seitenlinie – frontale Stellung zum Ball, Bewegung des Schlagarmes nicht nach vorn-oben = Grundstellung und Bewegung des Schlagarmes korrigieren.

Wichtig: Dieser außerordentlich schwierige Schlag wird heute von Könnern als Erwiderung auf jede Schlagart des Partners angewendet. Der Topspin-Ball kann im übrigen auch im höchsten Punkt und sogar, vorrangig mit RH, in der aufsteigenden Phase gespielt werden.
Besonders wichtig: Die Bewegung des Schlagarmes ist im Bereich der Treffphase des Balles immer parallel-entgegengesetzt zur Flugrichtung des Balles. Das Schlägerblatt ist dann immer so gestellt, daß der Ball nur »angerissen« wird. Deshalb wird der größte Teil der Kraft nicht in Geschwindigkeit, sondern in einen Vorwärtsdrall des Balles umgesetzt. Der Ausfallwinkel eines Topspin-Balles ist immer kleiner als der Einfallwinkel. Am kleinsten ist er bei

einem im höchsten Punkt getroffenen Topspin-Ball. Dieser Schlag ist auch am schwierigsten, da man schlecht über den Bereich des Schultergürtels eine so schnelle und komplizierte Schlagbewegung durchführen kann.
Merke: Lassen Sie sich nicht entmutigen durch die geradezu artistischen Topspin-Bälle der Weltbesten. Nur durch einen außerordentlich großen Trainingseinsatz und mit viel Talent sind sie zu beherrschen. Ihr Ziel sollte das Spielen des tiefen Topspin-Balles sein. Mit Geduld und Beharrlichkeit schaffen Sie es bestimmt.

Methodische Übungsreihe zum Erlernen des Topspin-Balles

VH-Topspin-Ball

VH-Topspin-Ball
Beachte: Der Ball
wird hoch angenommen

VH-Topspin-Ball ▶
Beachte: Der Ball
wird spät angenommen

Butterfly

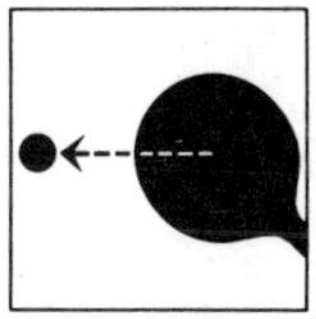

◀ Anton Stipancic (Jugoslawien) in der Endphase eines Sidespin-Balles

Sidespin-Ball

Technik

- Der Ball wird seitlich vor oder neben dem Körper getroffen. Treffpunkt: in der fallenden Phase.
- Das Schlägerblatt ist senkrecht.
- Die Bewegung des Schlagarmes verläuft von hinten-unten nach vorn-oben. Dabei ist der Schlagarm in der Einschwungphase (hinten-unten) körpernah und schwingt dann in der Endphase vom Körper weg.
- Die Verlagerung des Körpergewichts und die Fußstellung sind wie beim Topspin-Ball.

Übungsformen

- Den Ball wie beim Aufschlag hochwerfen und mit VH dem Partner zuspielen (ohne Tisch).
- Den Ball auf den Boden prellen lassen und Zuspiel mit VH zum Partner.
- Weitere Übungsformen wie beim Topspin-Ball.
  Beachte: Ball wird nicht hochgespielt.

Fehler – Fehlerquelle = Fehlerkorrektur

- Ball geht ins Netz – Bewegung des Schlagarmes zu waagerecht oder zu kurz, Schlägerblatt nicht senkrecht = Bewegung des Schlagarmes muß nach vorn-oben erfolgen, Bewegung beschleunigen, Schlägerblatt senkrecht stellen.
- Ball geht über die Grundlinie – Schlägerblatt geöffnet, Bewegung des Schlagarmes zu schnell, Ball vor der fallenden Phase getroffen = Schlägerblatt senkrecht, Bewegung des Schlagarmes kontrollieren, Ball in der fallenden Phase treffen.
- Ball geht neben die Seitenlinie – frontale Stellung zum Ball, Bewegung des Schlagarmes nicht nach vorn-oben, Schlagarm ist in der Endphase zu dicht am Körper = Grundstellung verbessern, Bewegung des Schlagarmes kontrollieren.

Wichtig: Durch den Seitenschnitt, den dieser Ball erhält, verändert sich die Flugbahn des Balles erheblich. Aus der Vogelperspektive erkennen wir eine deutliche Krümmung der Flugbahn. Deshalb ist dieser Ball sehr schwer zu berechnen und zu retournieren.
Nur selten besitzen diese Schläge jedoch einen echten Seitenschnitt mit genau senkrechter Achse. Vielmehr werden die meisten Bälle als Kombination zwischen Topspin- und Sidespin-Bällen sichtbar und weisen eine schräge Achse auf.

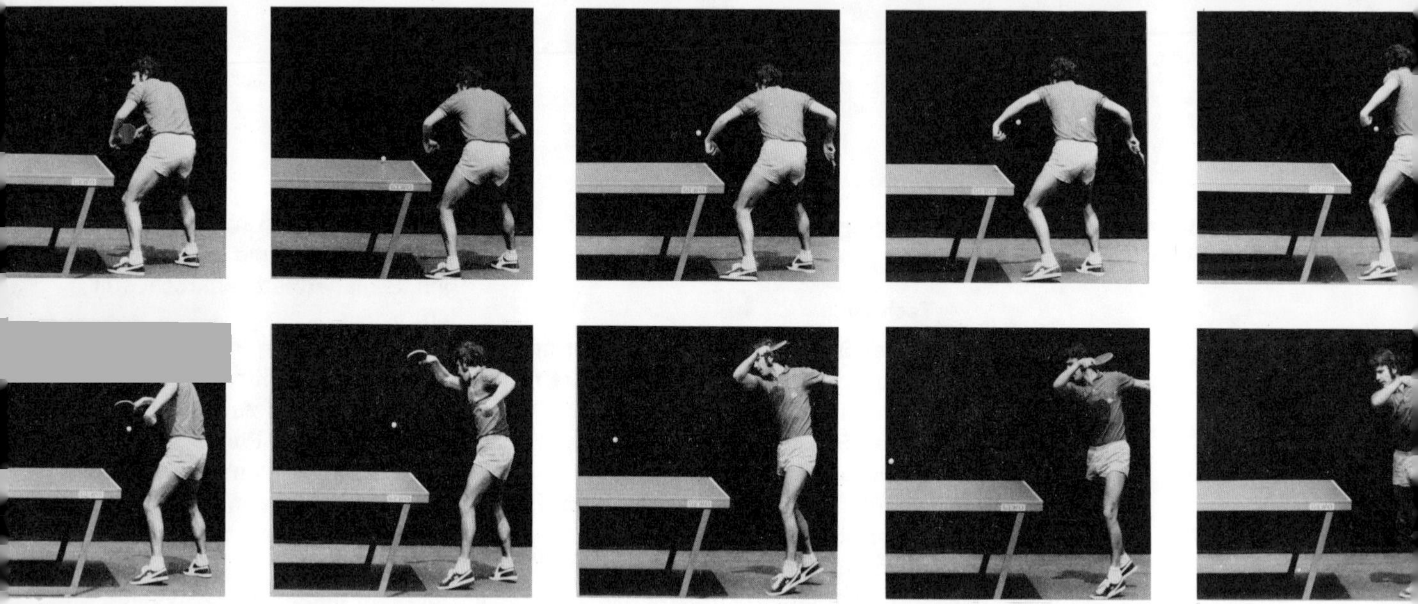

VH-Sidespin-Ball

Taktik

Taktik ist das Vorgehen, unter Einsatz aller physischen und psychischen Kräfte und unter Einbeziehung aller denkbaren Möglichkeiten, die vor, während und nach einem Wettkampf eintreten können, klug und erfolgreich zu spielen. Die genaue Planung und das Bewußtmachen der taktischen Möglichkeiten ist dabei eine Grundvoraussetzung. Bei der Erarbeitung taktischer Konzepte sollte es im Idealfall zu einem Zusammenwirken zwischen Übungsleiter oder Trainer und Spieler kommen. Dieser Idealfall ist jedoch nur im Verein gegeben.
Deshalb sollte sich jeder Spieler, gleich welcher Spielstärke, mit den Grundprinzipien taktischer Verhaltensweisen vertraut machen. Dadurch wird allgemein mit Sicherheit die Freude am Spiel gesteigert; denn nur durch die Kenntnis dieser Prinzipien können grobe Fehlleistungen verhindert werden.
Jeder soll in die Lage versetzt werden, durch seine taktischen Kenntnisse dem Partner zu helfen; das gilt sowohl für den Freizeit- als auch für den Leistungssportbereich. Versuchen Sie immer wieder, die Fehler Ihres Partners zu analysieren, diese in Ruhe und Sachlichkeit mit ihm zu besprechen und gemeinsam geeignete taktische Maßnahmen zu ergreifen, diese Fehler in kürzester Frist abzustellen.

Allgemeine Grundsätze

Es wird leider verkannt, daß eine planvolle und systematische »Taktik« bereits vor dem Spiel beginnt und sogar nach dem Spiel weitere Maßnahmen einschließt.
Folgende allgemeine Grundsätze sollten Sie auf jeden Fall beherzigen:

- Feststellung der äußeren Spielbedingungen.
- Festlegung der taktischen Konzeption vor dem Spiel.
- Einplanung einer Änderung der Taktik.
- Verhalten vor, während und nach dem Spiel.

Festlegung der äußeren Spielbedingungen

Vor dem Spiel müssen die Spielbedingungen gesichtet und geprüft werden. Dazu gehören:

- Licht
- Fußboden
- Spielgerät (Tisch und Ball)
- Raum
- Zuschauer
- Fahrt
- Schiedsrichter.

Die Lichtverhältnisse können von entscheidender Bedeutung sein. Eine längere Trainingszeit vor dem Wettkampf sollte helfen, Anpassungsschwierigkeiten zu überwinden.

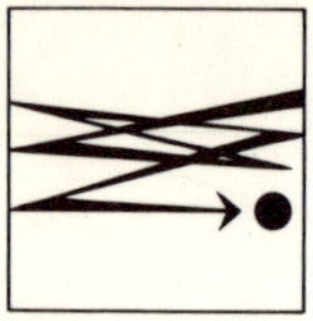

Tips: Bei schlechtem Licht sich nicht zu weit vom Tisch entfernen. Auf richtige Seitenwahl bei einseitig schlechtem Licht achten.
Stumpfe oder glatte *Fußböden* erfordern sofortige, geeignete Maßnahmen.
Tips: Bei stumpfem Boden bewußt viel Bewegung. Bei glattem Boden die Turnschuhsohlen mit einem nassen Lappen befeuchten.
Mit dem *Spielgerät* müssen wir uns unbedingt vertraut machen. Die Tische sind leider in der Oberflächenbearbeitung nicht genormt (Körnung der Oberfläche). So gibt es tatsächlich »schnelle« und »langsame« Tische. Ebenso unterscheiden sich neue Bälle von »eingespielten« Bällen.
Tips: Taktik auf den Tisch abstellen, z. B. muß ein Angriffsspieler bei langsamen Tischen mehr vorbereitende Schläge durchführen. Einen neuen Ball feucht abwischen. Mit neuen Bällen gezielter auf Sicherheit spielen.
Der zur Verfügung stehende *Raum* (Größe und Höhe) bestimmt maßgeblich die Taktik, da er ebenfalls nicht verändert werden kann.
Tips: Die Verteidigungsspieler bei kleinen Spielflächen auf kurze Distanzen einstellen. Keine Ballonbälle bei niedriger Deckenhöhe.
Die *Zuschauer* haben schon oft ein Spiel entschieden.
Tips: Den Spieler dahingehend vorbereiten, daß er sich etwa durch Applaus nicht irritieren läßt. Grundsätzlich das Spiel nicht beginnen, bevor keine Ruhe eingetreten ist. Auch die Störungen eines nicht objektiven Publikums einkalkulieren.
Die *Fahrt* zu einem Spielort sollte so geplant werden, daß die Ankunft mindestens eine Stunde vor dem Spielbeginn liegt.
Denken Sie letztlich daran, daß die *Schiedsrichter* wahrhaftig ein schweres Amt haben, und daß gerade bei schwierigen Ermessensentscheidungen (z. B. Kantenball oder nicht) Fehlentscheidungen vorkommen können. Erleichtern Sie deshalb durch Ihre sportliche Verhaltensweise diesen wichtigen, unentbehrlichen Helfern die Arbeit.
Tips: Nie mit dem Schiedsrichter diskutieren. Das Regelwerk bei der Durchführung der Spielaktionen (z. B. Aufschlag) beachten.

Festlegung der taktischen Konzeption vor dem Spiel

Sie selbst bzw. Ihr Trainer und Sie müssen *vor* dem Spiel die Taktik festlegen. Es empfiehlt sich, so früh wie möglich die geeigneten Maßnahmen zu treffen, damit Sie in Ruhe Ihre Taktik mehrfach durchdenken und geistig »durchspielen« können.
Bei der Festlegung der Taktik selbst müssen neben den äußeren Spielbedingungen zwei Faktoren berücksichtigt werden:

- Die eigenen Spielmöglichkeiten.
- Die Spielmöglichkeiten des Gegners.

Leider wird allzuoft der Fehler begangen, nur einen der beiden Fakten zu berücksichtigen.
Wichtig: Vorher feststellen, ob der Gegner Links- oder Rechtshänder ist und ob Sie, falls Sie die Wahl haben, mit dem Aufschlagspiel beginnen oder nicht.

Einplanung einer Änderung der Taktik

Ein guter Taktiker schließt immer die Möglichkeit von Änderungen in seiner taktischen Konzeption ein. Es darf schließlich nie vergessen werden, daß auch der Partner Überlegungen anstellt. So müssen alle »Eventualfälle« in der Gesamtkonzeption der Taktik enthalten sein, die ein sofortiges, eingeplantes Umschalten ermöglichen.
Wichtig: Kein anderes Spielsystem wählen, falls Sie gegen einen Partner mit demselben System spielen müssen.

Verhalten vor, während und nach dem Spiel

Folgende allgemeine, taktische Grundsätze sollten wir vor, während und nach dem Spiel beachten:

Vor dem Spiel

- Konzentration vor dem Spiel.
- Aufgewärmt an den Tisch gehen.
- Planvolles Einspielen am Tisch.
- Taktisch richtige Wahl treffen zwischen Aufschlag oder Seite.

Während des Spiels

- Ausschließliche Konzentration auf Ball und Gegner.
- Schnelles Verarbeiten von Mißerfolgen. Denken Sie daran: Wer sich ärgert, mindert seine Leistungsfähigkeit.
- Nicht unnötig riskant spielen.
- Bei hohen Führungen nicht leichtsinnig werden.
- Nie einen Ball, einen Satz oder ein Spiel aufgeben.
- Bei der Durchführung der Zeitregel als Aufschläger nicht erst beim 9. Ball »aktiv« werden.
- Denken Sie daran: Der Übungsleiter oder Trainer kann Sie während des Spiels nur psychologisch unterstützen.
- Keine unfairen taktischen Maßnahmen ergreifen.

Hinweise für den Trainer:

- Als Trainer oder Übungsleiter sollten Sie in den Pausen nur wenige, wesentliche Informationen geben.
- Grundsätzlich den Spieler loben.
- Immer sachlich bleiben.

Nach dem Spiel

Hinweise für den Trainer:

- Sofortige Betreuung des Spielers nach dem Spiel. Nach einem verlorenen Kampf sollten unmittelbar die positiven Akzente herausgehoben und erst nach einem zeitlichen Abstand die Fehler sachlich besprochen werden.
- Hygienische Maßnahmen durchführen. Duschen oder waschen, neues Trikot.
- Auf eine zweckmäßige Erholungsphase achten.
- Bei Meisterschaften und Turnieren sollten während der Erholungsphase bereits die neuen taktischen Maßnahmen für das nächste Spiel getroffen werden.

Taktik des Angriffsspielers

Grundsatz: Das allgemeine taktische Verhalten eines Angriffsspielers ist daraufhin abzustellen, durch vorbereitende Schläge zum entscheiden Schmetterball zu kommen, um dadurch einen Punkt zu erzielen.

Taktische Hauptmerkmale eines Angriffsspielers

- Grundstellung: Bis 1 m hinter der Grundlinie des Tisches und in Verlängerung der Seitenlinien.
- Aufschlag: Variantenreich.
- Schlagarten: Alle Angriffsschlagarten sowie Block- und Stoppball.
- Spieltempo: Schnell.
- Spielzüge: Wenig. Es wird versucht, auf dem schnellsten Wege zum Erfolg, d. h. zum punktbringenden Schmetterball zu kommen.

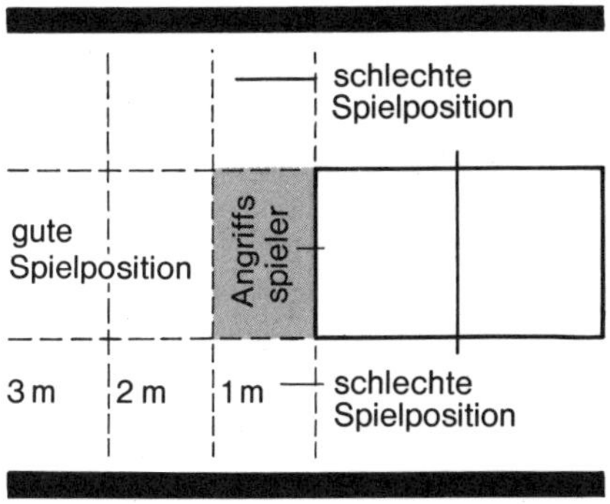

- Schmetterball: Auf die Mitte des Körpers gesetzt oder links bzw. rechts, außerhalb der Reichweite des Gegners geschossen.

Taktisches Fehlverhalten eines Angriffsspielers

- Aufschläge werden immer aus derselben Position durchgeführt. Keine verschiedenartigen Aufschläge. Erfolgreicher Aufschlag wird nicht fortgesetzt.
- Keine Variationen in den einzelnen Schlagarten.
- Chance zum Schmetterball wird nicht genutzt.
- Zu lange Stoppbälle.

- Gegner diktiert das Spieltempo.
- Zu viele und erfolglose Spielzüge.
- Schlechte Grundstellung.

Neben diesen allgemeinen Grundsätzen richtet sich naturgemäß das spezielle taktische Verhalten eines Angriffsspielers nach dem jeweiligen Spielsystem seines Gegners.

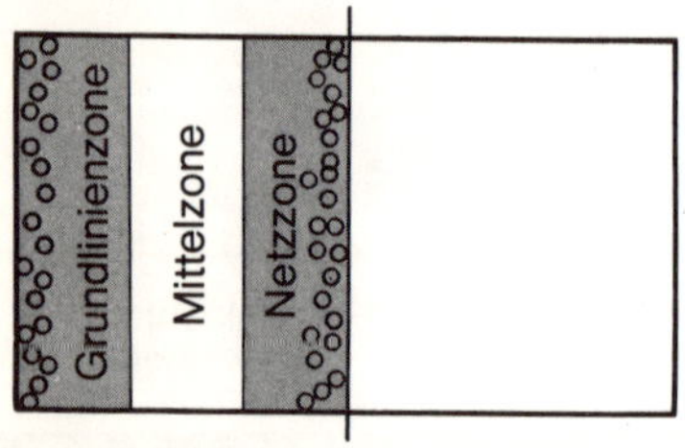

Angriffstaktik gegen Angriffsspieler

- Eigener Aufschlag: Grundsätzlich variantenreiche, extrem kurze Aufschläge im Regelfall auf die VH. Ziel: Durch den eigenen Aufschlag soll der Aufschläger das Spiel diktieren können.
- Annahme des Aufschlags: Versuchen, den Aufschlag mit einem Angriffsschlag zu retournieren. Falls das nicht möglich ist, den Aufschlag extrem kurz auf die VH-Seite des Partners schupfen.
- Schlagarten: Variantenreiche Angriffsschlagarten. Möglichst schnell versuchen, durch Umspringen von der RH- auf die VH-Seite mit der schlagstärkeren VH in das Spiel zu kommen. Auf keinen Fall sollten Sie Schupf- und Stoppbälle spielen.
- Plazierungen: In die Netz- oder Grundzone. Mittelzone auf jeden Fall meiden, da von hier der Gegner durch gefährliche und harte Schlagarten am besten operieren kann.

Angriffstaktik gegen Halbdistanzspieler

- Eigener Aufschlag: Variantenreich.
- Annahme des Aufschlags: Sofortiger Versuch, den Aufschlag mit einem Angriffsschlag zu retournieren.
- Schlagarten: Wie gegen Angriffsspieler, jedoch mit Stopp- und Schupfbällen. Ein Halbdistanzspieler muß zur Laufarbeit gezwungen werden. Halbhohes oder hohes Zuspiel auf die VH-Seite dieses Spielertyps sollte vermieden werden, da sonst mit einem harten Schmetterball gerechnet werden muß.
- Plazierungen: Alle drei Zonen. Bei Anspiel in die Mittelzone keine hohen Bälle, da sonst Gefahr durch einen Schmetterball droht.

Angriffstaktik gegen Verteidigungsspieler

- Eigener Aufschlag: Variantenreich.
- Annahme des Aufschlags: Grundsätzlich mit Angriffsschlagart erwidern, nur ab und zu einen Schupfball (zur Rhythmusstörung).
- Schlagarten: Wie gegen Halbdistanzspieler. Beachte: Stoppbälle ideenreich setzen. Grundsatz: Stoppball immer auf die Seite plazieren, aus der der Ball kam.
- Plazierungen: Alle drei Zonen ausnützen.
- Möglichkeiten eines variantenreichen Spiels nutzen durch:
  - kurz- und langplazierte Bälle,
  - parallel- und diagonalgesetzte Bälle,
  - hoch- und tiefgezogene Bälle.

Taktik des Halbdistanzspielers

Grundsatz: Das allgemeine taktische Verhalten zielt darauf hin, den Gegner durch Angriffs- und Verteidigungsschlagarten in seinem Spielrhythmus zu stören. Der Halbdistanzspieler versucht – situationsgemäß – selbst Punkte zu erzielen und auch den Gegner zum Fehlpunkt zu verleiten.

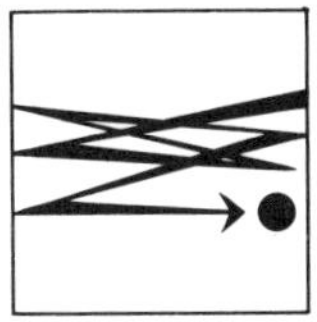

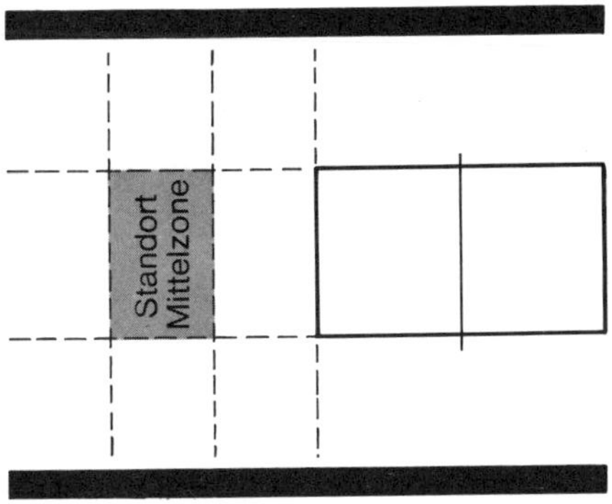

Taktische Hauptmerkmale des Halbdistanzspielers

- Grundstellung: 1–2 m hinter der Grundlinie des Tisches und zwischen der Verlängerung der Seitenlinien.
- Aufschlag: Variantenreich.
- Schlagarten: Alle Angriffs- und Verteidigungsschlagarten sowie Stopp- und Blockbälle.
- Spieltempo: Variabel. Situationsgemäß wird das Tempo beschleunigt oder verzögert.
- Spielzüge: Variabel. Prinzipiell wird der Ball so lange »im Spiel« gehalten, bis sich eine punktbringende Situation abzeichnet.

Taktisches Fehlverhalten des Halbdistanzspielers

- Kein variantenreiches Aufschlagspiel.
- Keine Variationen in den einzelnen Schlagarten.
- Unvorbereitete Konteraktionen.
- Keine Störung im Spielrhythmus des Gegners.
- Schlechte Grundstellung.

Halbdistanztaktik gegen Angriffsspieler

- Eigener Aufschlag: Grundsätzlich Unterschnittaufschlag auf die RH-Seite. Ab und zu andere Aufschlagvariationen.
- Annahme des Aufschlags: Ball mit Unterschnitt auf die RH-Seite zurückgeben. Ziel: Erst einmal den eigenen Spielrhythmus zu finden.
- Schlagarten: Variieren zwischen Angriffs- und Verteidigungsschlagarten. Keine Stoppbälle setzen!
- Plazierungen: Möglichst in die Grundlinien- oder in die Netzzone.

Halbdistanztaktik gegen Halbdistanzspieler

- Eigener Aufschlag: Wie gegen Angriffsspieler.
- Annahme des Aufschlags: Wie gegen Angriffsspieler.
- Schlagarten: Sämtliche Angriffs- und Verteidigungsschlagarten, einschließlich der Stopp- und Blockbälle.

Beachte: Nicht auf Angriffssystem umschalten, da dann mit großer Sicherheit der Halbdistanzspieler gewinnt. Denken Sie daran: Wenn zwei Spieler mit denselben Spielsystemen aufeinandertreffen, verliert grundsätzlich derjenige, der ein anderes System wählt.
Plazierungen: Auf alle Zonen. Jedoch keine hohen Bälle in die Mittelzone.

Halbdistanztaktik gegen Verteidigungsspieler

- Eigener Aufschlag: Variantenreich.
- Annahme des Aufschlags: Mit allen Angriffs- und Verteidigungsschlagarten.
- Schlagarten: Wie gegen Halbdistanzspieler.

Beachte: Nicht ein anderes System wählen.
Plazierungen: In alle Zonen.

Taktik des Verteidigungsspielers

Grundsatz: Das allgemeine Verhalten eines Verteidigungsspielers ist daraufhin abgerichtet, durch die Fehlpunkte des Gegners zu gewinnen.

Taktische Hauptmerkmale des Verteidigungsspielers

- Grundstellung: 2–3 m hinter der Grundlinie des Tisches und in der Verlängerung der Seitenlinien.

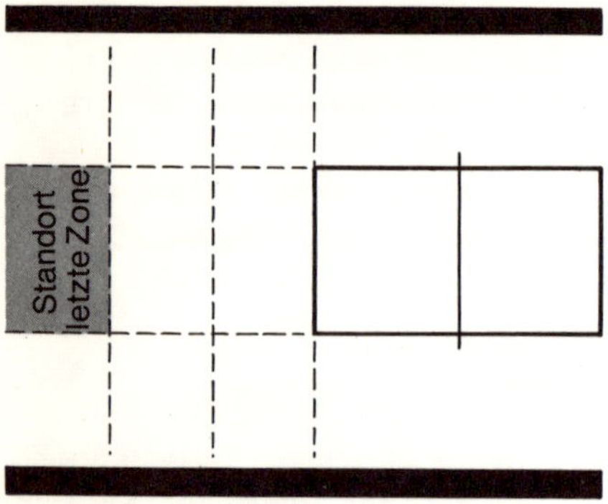

- Aufschlag: Unterschnitt-Aufschläge. Ein zu variantenreiches Aufschlagspiel ist nicht ratsam, da sich der Verteidigungsspieler dadurch selbst in Gefahr begibt. Sein Ziel muß sein, durch einen unkomplizierten Aufschlag schnell seinen Spielrhythmus aufnehmen zu können.
- Schlagarten: Alle Verteidigungsschlagarten mit unterschiedlichen Schnitt-Variationen sowie Schupf- und Blockbälle. Nur ab und zu sollte ein Schmetterball als Konterattacke und Überraschungsschlag eingebaut werden.
- Spieltempo: Langsam.
- Spielzüge: Viel. Es wird versucht, auf dem sichersten Wege zum Erfolg zu kommen. Geduld und Beharrlichkeit sind die Voraussetzungen dafür. Unkontrollierbare Aktionen sind auf jeden Fall zu vermeiden.

Taktisches Fehlverhalten des Verteidigungsspielers

- Unvorbereitete und unkontrollierte Schmetterbälle.
- Keine Schnittvariationen.
- Zu hohe Unterschnittbälle.
- Zu dicht hinter dem Netz aufkommende Ballonbälle.
- Variantenreiche Aufschläge.
- Schlechte Grundstellung.

Verteidigungstaktik gegen Angriffsspieler

- Eigener Aufschlag: Mittellange Unterschnitt-Aufschläge auf die RH-Seite.
- Annahme des Aufschlags: Rückschlag mit Unterschnitt auf die RH-Seite.
- Schlagarten: Alle Verteidigungsschlagarten sowie Schupf- und Blockbälle. Vereinzelte Schmetterbälle, die Überraschungseffekt besitzen sollen.
- Plazierungen: Möglichst auf die Grundlinien und Netzzone, da der Partner von der Mittelzone aus am ehesten hart schlagen kann. Das Setzen der Bälle auf die VH-Grundzone ist besonders wirksam.

Verteidigungstaktik gegen Halbdistanzspieler

- Wie Taktik gegen Angriffsspieler.

Verteidigungstaktik gegen Verteidigungsspieler

- Eigener Aufschlag: Unterschnitt-Aufschläge auf VH und RH. Ab und zu andere Aufschlagarten einstreuen.
- Annahme des Aufschlags: Rückschlag mit Unterschnittball auf VH-Seite setzen, um den Partner zu Angriffsschlagarten herauszufordern.
- Schlagarten: Alle Verteidigungsschlagarten. Keine Stopp- und Blockbälle. Chance zum Schmetterball nutzen.

Beachte: Nicht ein anderes Spielsystem aufzwingen lassen.
Plazierungen: Alle Zonen anspielen. Partner in Bewegung halten, um ihn dadurch irgendwann zu einem Fehler aufgrund schlechter Grundstellung zu verleiten.

Taktik des Doppelspiels

Das taktische Verhalten eines Doppels wird bestimmt von den Spielmöglichkeiten der Partner.
Folgende taktische Grundsätze sollten zur Anwendung kommen:

- Zusammenstellung von Spielern mit dem gleichen Spielsystem. Nur gute Halbdistanzspieler können auch mit Angriffs- oder Verteidigungsspielern harmonieren.

- Einordnung in ein Laufschema, das die Stärken der beiden Partner berücksichtigt.
- Gegenseitige Abstimmung des Aufschlagspiels. So kann z. B. ein hervorragendes, variantenreiches Aufschlagspiel dem Partner zum Verhängnis werden, da dieser den Rückschlag nicht meistern kann. Vor allem trifft dies für Mixed-Doppel zu. Hierbei müssen oftmals einfache Aufschläge serviert werden.
- Vereinbarung über die Ausführung oder die Annahme des Aufschlags nach erfolgter Auslosung.
- Absprechen über die Auswahl der Schlagarten.

Denken Sie bitte aber auch daran, daß ein guter Doppelspieler seinen Partner häufig positiv motivieren soll. Loben Sie ihn also nach einem guten Schlag und sprechen Sie ihm Mut zu nach einem Mißerfolg.

Taktik bei der »Wechselmethode«

Die »Internationalen Tischtennisregeln« sehen vor, daß ein Satz, der nach 15 Minuten Spieldauer noch nicht beendet ist, in Form der sogenannten »Wechselmethode« zu Ende gespielt wird (dasselbe gilt für die nachfolgenden Sätze des gesamten Spiels).

Es tritt dabei folgende Regelung in Kraft:

- Das Spiel wird nach 15 Minuten unterbrochen; der Aufschlag »wechselt« nach jedem Punkt.
- Der Aufschläger verliert den Punkt, wenn der Rückschläger den Aufschlag und die 12 weiteren Schläge des Aufschlägers zurückbringt. Damit es bei dieser Fortsetzung des Spiels keine Komplikationen gibt, zählt ein Außenstehender (Schlagzähler) die Schläge des Rückschlägers laut mit. Wenn dieser auch seinen 13. Rückschlag vorschriftsmäßig retourniert, hat er den Punkt gewonnen.

Taktisch ergeben sich bei der »Wechselmethode« für den Auf- und Rückschläger folgende Konsequenzen:

Aufschläger

- Nicht zu hastig und zu schnell den Erfolg suchen.
- Den Schmetterball durch andere Angriffsschlagarten vorbereiten.
- Nicht zu spät mit den vorbereitenden Angriffsschlägen beginnen, sondern bereits nach dem 3. – 4. Rückschlag den Schmetterball vorbereiten.

Rückschläger

- Sicherheit zuerst!
- Den Partner nicht zum VH-Angriff und vor allem nicht zum VH-Schmetterball kommen lassen.
- Ab und zu auch als Rückschläger Angriffsschlagarten anwenden, vor allem als Halbdistanzspieler.
- Für Angriffsspieler gilt: Nicht mit Verteidigungsschlagarten operieren. Spielen Sie vielmehr ohne Risiko Angriffsschlagarten!

Wichtig: Die Wechselmethode wurde deshalb Mitte der sechziger Jahre eingeführt, um das Spiel schneller und rasanter zu machen. Vor dieser Regelung waren sogenannte »Löffelpartien«, in denen sich die Spieler minutenlang den Ball mit großer Sicherheit »zulöffelten«, keine Seltenheit.
Die Wechselmethode hat sich ausnahmslos bewährt. Sie sollten deshalb auch im Freizeitbereich nach dieser Methode einmal spielen, denn es macht sehr viel Spaß.

Rudnova/Gomozkov (UdSSR), vielfache Europameister im gemischten Doppel

Klampar/Jonyer (Ungarn), Weltmeister im Doppel

Trainingsformen

Die Übungs- und Trainingsstunden dürfen nicht eintönig aufgebaut sein. Die vielfältigen Trainingsformen bieten die beste Gewähr, das Training zu Hause oder im Verein interessant und freudvoll zu gestalten. Vor allem garantieren sie einen schnellen und relativ gesicherten Lernfortschritt.
Das Tischtennisspiel bietet in idealer Weise eine große Zahl von abwechslungsreichen Formen an. Besonders interessant und vorteilhaft ist die Möglichkeit, mehr als zwei Spieler an einem Tisch beschäftigen zu können. Durch Hinzufügen von Hilfsgeräten kann eine Trainingsform ständig ausgeweitet werden und fordert alle Beteiligten geradezu auf, mitzumachen.
Sie werden deshalb aufgerufen, neben den erprobten Formen neue zu erfinden und alte abzuändern.
Folgende Formen bieten sich an:

- diagonales Zuspiel,
- paralleles Zuspiel,
- Mittellinien-Zuspiel,
- Zonen-Zuspiel (Netz-, Mittel- und Grundlinien-Zone),
- Zuspiel in die einzelnen Zonen.

Die angegebenen Formen können wiederum nach folgendem Prinzip variiert werden:

- kurz – lang,
- schnell – langsam,
- weich – hart,
- tief – hoch,
- VH – RH.

Wenn Sie bedenken, daß Sie unter den angegebenen Möglichkeiten wiederum alle Aufschlag- und Schlagarten durchführen können, ahnen Sie sicherlich schon die vielfältigen Möglichkeiten, Trainingsstunden zusammenzustellen. Werden sie nur annähernd ausgenützt, sollte ein Training nie langweilig werden.
Wichtige Hinweise: Bei der Durchführung aller Trainingsformen muß das Prinzip der Systematik und Planmäßigkeit im Vordergrund stehen. Spielen Sie deshalb grundsätzlich alle Bälle mit dem Ziel, keinen Fehler zu machen.
Die für jede Trainingsform ausgewiesene »Zeit« soll nur einen Mittelwert darstellen. Sollten Sie feststellen, daß Ihnen bereits vor Ablauf dieser Zeitspanne viele Fehler unterlaufen, brechen Sie die Übung ab.
Grundsatz: Üben Sie nur, solange es Ihnen Spaß macht.
Um den Lernerfolg zu steigern, sollten für einen Tisch 30 Bälle zur Verfügung stehen (unerläßliche Forderung für das Vereinstraining!). Durch das Einwerfen neuer Bälle auf den Übenden bzw. die Übenden, wird Zeit gespart, der Übungserfolg gesteigert, und außerdem kann der einwerfende Partner noch ständig Korrekturen vornehmen.
Der »Einwerfer« steht an der Seitenlinie des Tisches und in Höhe des Netzes. Er wirft die Bälle diagonal ein.

Spiel 1 : 1

Am wirkungsvollsten ist das häufige Training zu zweit an einem Tisch. Als Gründe für diese Forderung sind zu nennen:

- Alle technischen und taktischen Möglichkeiten können hierbei trainiert werden.
- Der erforderliche, wechselseitige Bezug zwischen Trainings- und Wettkampfform ist direkt gegeben.
- Die reale Spielsituation wird geschult.

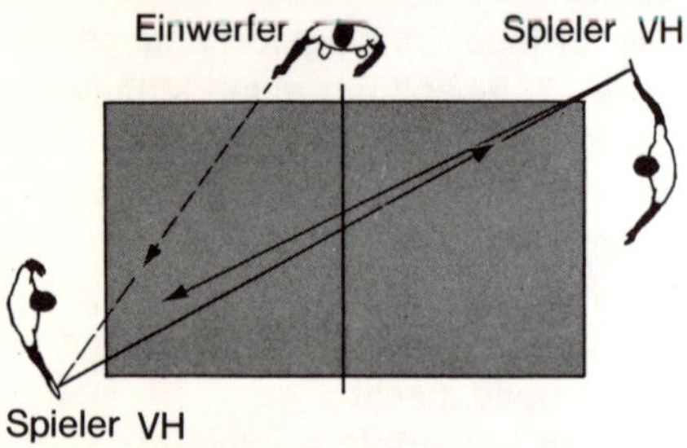

Beispiel einer Trainingsform

Beispiele für Trainingsformen zu zweit*:

1. Beispiel

1. Schlagart: Konterball (beide Spieler).
2. Richtung: diagonal.
3. Schlägerseite: VH.
4. Zeit: 10 Minuten.

2. Beispiel

1. Schlagart: Unterschnittaufschlag (beide Spieler).
2. Richtung: Mittellinie.
3. Schlägerseite: RH.
4. Zeit: jeder 5 Minuten.

3. Beispiel

1. Schlagart:
   Aufschläger: Schmetterball.
   Rückschläger: Unterschnittball.
2. Richtung: parallel.
3. Schlägerseite:
   Aufschläger: VH; Rückschläger: RH.
4. Zeit: jeder 5 Minuten.

* Bei allen Beispielen gehen wir davon aus, daß die Spieler Rechtshänder sind.

Trainingsformen: **1. Beispiel**

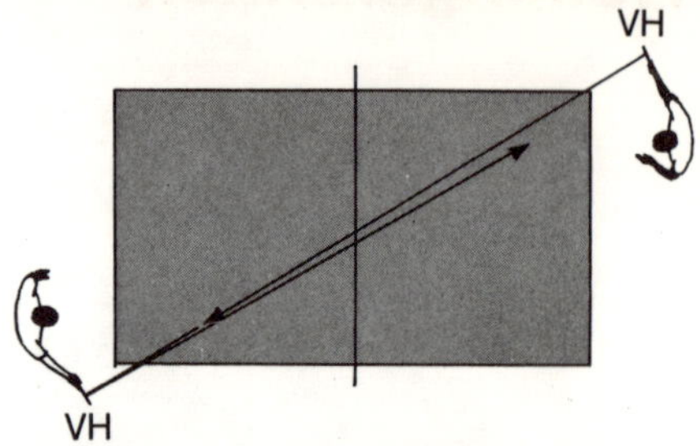

Trainingsformen: **2. Beispiel**

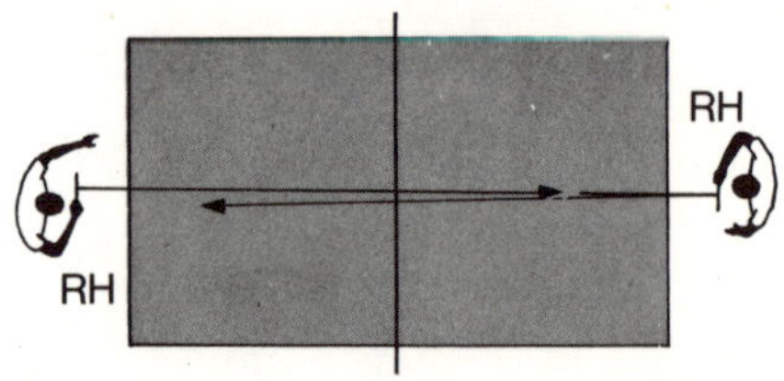

Trainingsformen: **3. Beispiel**

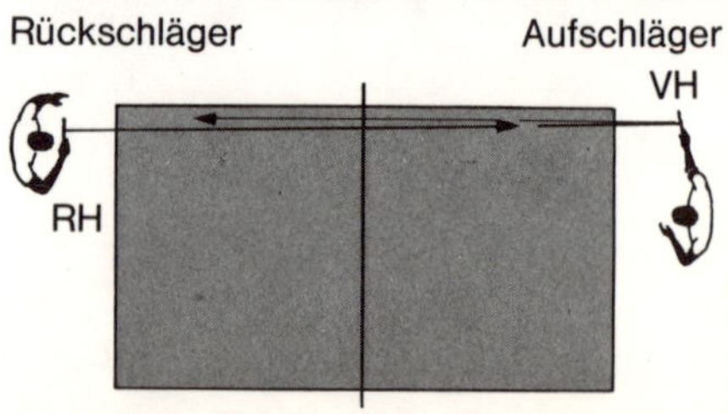

Trainingsformen: **4. Beispiel**

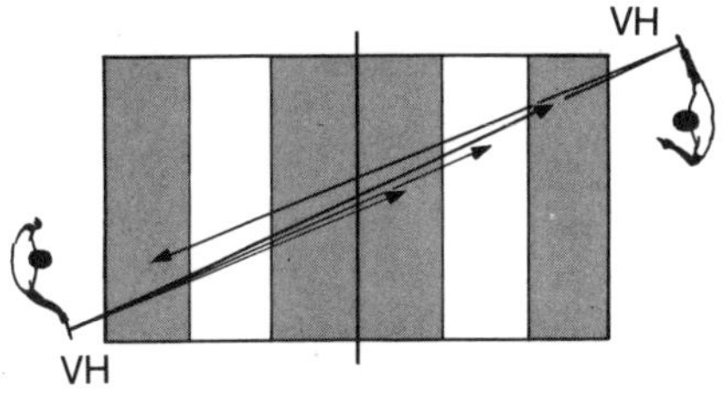

4. Beispiel

1. Schlagart: Schupfball.
2. Richtung: diagonal und in die einzelnen Zonen.
3. Schlägerseite: VH.
4. Zeit: 10 Minuten.

Trainingsformen: **5. Beispiel**

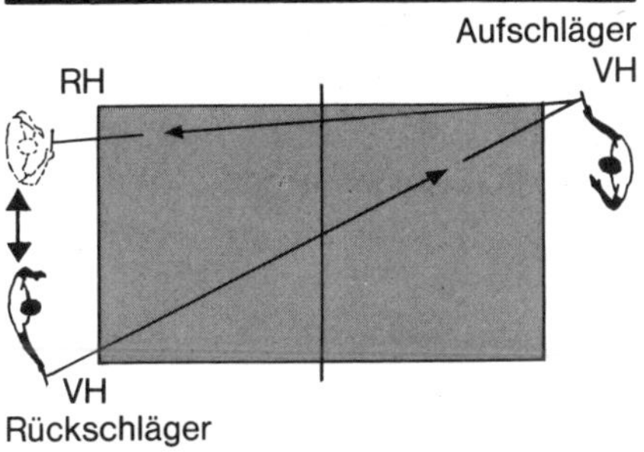

5. Beispiel

1. Schlagart: Aufschläger: Treibball. Rückschläger: Unterschnittball.
2. Richtung: Parallel und diagonal.
3. Schlägerseite: Aufschläger: VH. Rückschläger: RH + VH.
4. Zeit: 10 Minuten.

Trainingsformen: **6. Beispiel**

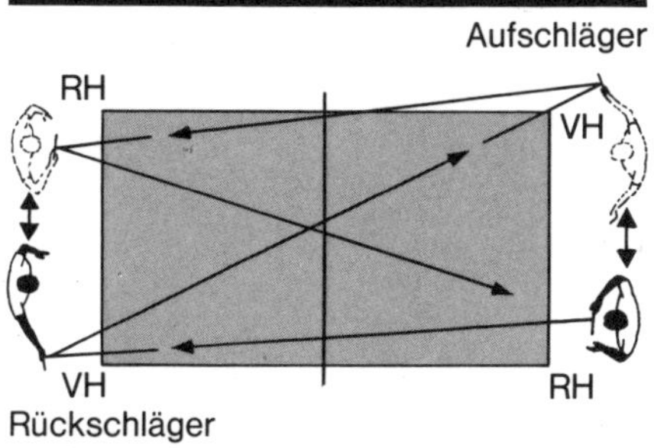

6. Beispiel

1. Schlagart: Kontern.
2. Richtung: Aufschläger: parallel. Rückschläger: diagonal.
3. Schlägerseite: beide VH und RH.
4. Zeit: 10 Minuten.

7. Beispiel

1. Schlagart: Aufschläger: Topspin-Ball. Rückschläger: Blockball.
2. Richtung: Aufschläger: RH, Mittellinie + VH; Rückschläger: VH.
3. Schlägerseite: Aufschläger: VH. Rückschläger: VH + RH.
4. Zeit: 15 Minuten.

Trainingsformen: **7. Beispiel**

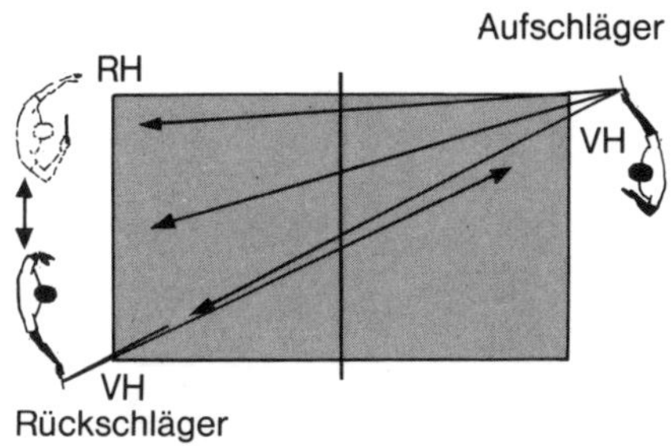

Trainingsformen: **8. Beispiel**

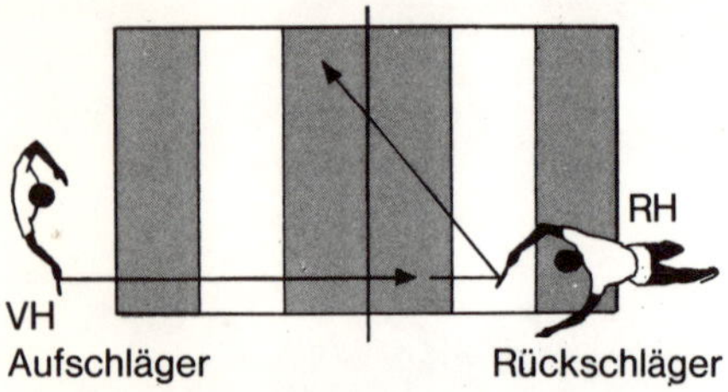

8. Beispiel

1. Schlagart: Aufschläger: Sidespin-Aufschlag.
   Rückschläger: Schupfball.
2. Richtung: Aufschläger: parallel (Netzzone).
   Rückschläger: diagonal (Netzzone).
3. Schlägerseite: Aufschläger: VH.
   Rückschläger: RH.
4. Zeit: jeder 5 Minuten.

Trainingsformen: **9. Beispiel**

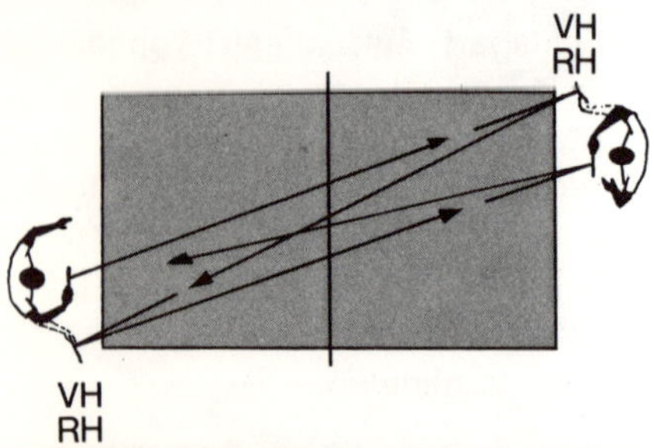

9. Beispiel

1. Schlagart: Schupfball.
2. Richtung: diagonal.
3. Schlägerseite: RH und VH.
4. Zeit: 5 Minuten.
5. Beachte: an derselben Stelle wird der Ball durch Umspringen im Wechsel 1 x RH und 1 x VH gespielt.

Trainingsformen: **10. Beispiel**

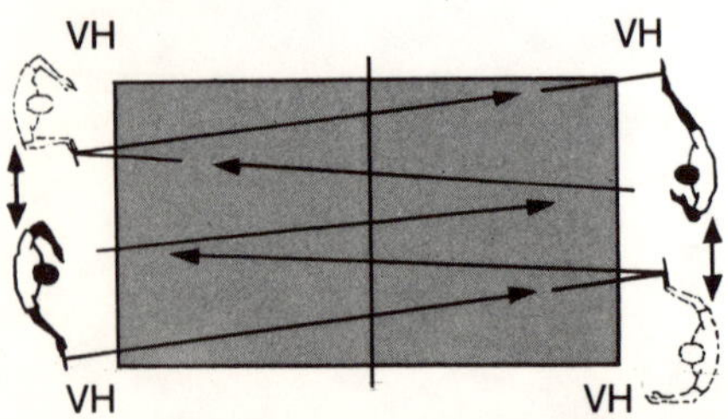

10. Beispiel

1. Schlagart: Kontern.
2. Richtung: leicht diagonal (richtungverschiebend).
3. Schlägerseite: VH.
4. Zeit: 10 Minuten.

Spiel 1 : 2, 1 : 3 usw.

Tischtennis können Sie auch mit mehreren Personen an einem Tisch spielen. Leider kennen die wenigsten diese hervorragenden Möglichkeiten, die, sind sie erst einmal eingeführt, zu Hause, in der Schule und im Verein außerordentlich beliebt sind.
Die Vorzüge derartiger Trainingsformen sind:

Effektivere Ausnutzung der Spielzeit

Die langen Pausen, die beim Spiel 1 : 1 durch das Holen der Bälle gegeben sind, entfallen.

Beschäftigung aller Beteiligten

Da bis zu 10 Personen an einem Tisch üben können, braucht kein Spieler mehr zu warten, unnötige Pausen werden vermieden.

Hohe Lernintensität

Bei allen Trainingsformen kann mit mehreren Bällen und einem »Ball-Einwerfer« operiert werden. Der Ball-Einwerfer kann Korrekturen vornehmen; durch das ständige Spielen kommt es zu keiner Rhythmusstörung des Spielverlaufs; Dosierung und Belastbarkeit können der jeweiligen Situation angepaßt werden.

Vielfältige Variationsmöglichkeiten

Bei diesen Trainingsformen können Sie:

- Hilfsgeräte verwenden,
- Wettkampfakzente setzen,
- 3 bis 10 Personen beschäftigen,
- die Trainingsintensität variieren,
- die Trainingsbelastungen wechseln.

Beachte: Es sollte bei jeder Form zu einem ständigen Wechsel innerhalb der Gruppe kommen, d. h. nach zwei Minuten tauschen alle Beteiligten untereinander.

Hoher Aufforderungscharakter

Unter Berücksichtigung der eben aufgeführten Vorzüge fordern diese Trainingsformen jeden zum Mitmachen auf, da sie lustig und interessant sind und vor allem Spaß machen. Um Mißverständnisse zu vermeiden, sei nochmals ausdrücklich darauf hingewiesen:
Alle Trainingsformen sollen zum besseren und schnelleren Erlernen des Tischtennisspiels beitragen. Das Spiel zu zweit *muß* jedoch im Vordergrund stehen. Eine sinnvolle Übereinstimmung zwischen Trainingsformen und Einzelspiel sollten Sie deshalb stets wahren. Als Richtwert kann angegeben werden: maximal 45 Min. Trainingsformen.

Wichtiger Hinweis:

Bei den nachfolgenden Beispielen bezieht sich die Ausführung der »Schlagart« immer auf die Spielgruppe.

Als Rückschläger sollte stets ein guter Spieler fungieren.
Beachte: Nie mehr als 2 Rückschläger!

Trainingsformen ohne Hilfsgerät

1. Beispiel

1. Spielform: 1 : 2.
2. Schlagart: Konterball.
3. Richtung: diagonal.
4. Schlägerseite: RH.
5. Zeit: 10 Minuten.

Trainingsformen: **1. Beispiel**

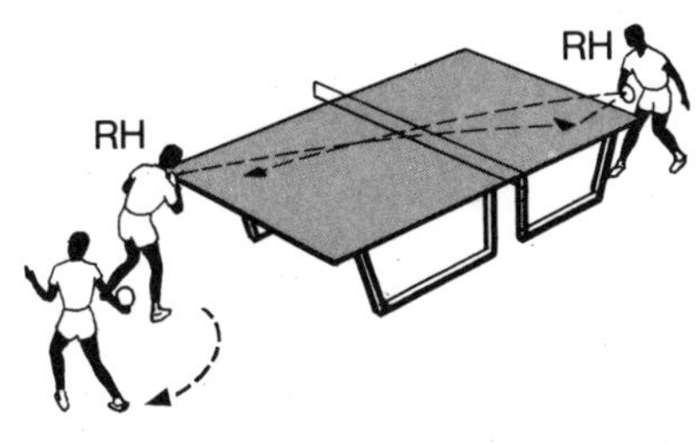

Trainingsformen: **2. Beispiel**

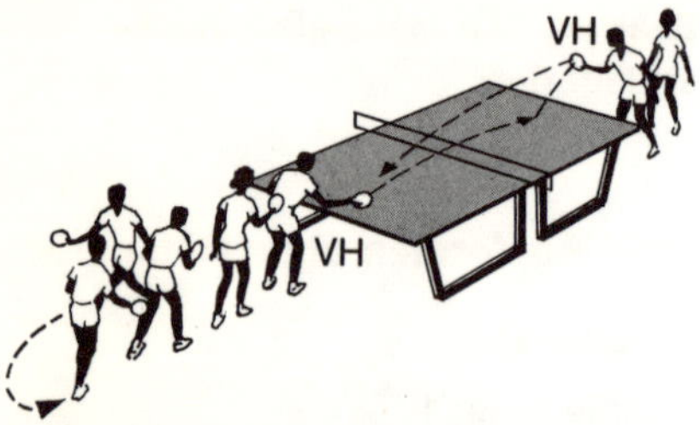

2. Beispiel

1. Spielform: 2 : 5.
2. Schlagart: Schupfball.
3. Richtung: Mittellinie.
4. Schlägerseite: VH.
5. Zeit: 15 Minuten.
6. Ball-Einwerfer: ja.

Trainingsformen: **3. Beispiel**

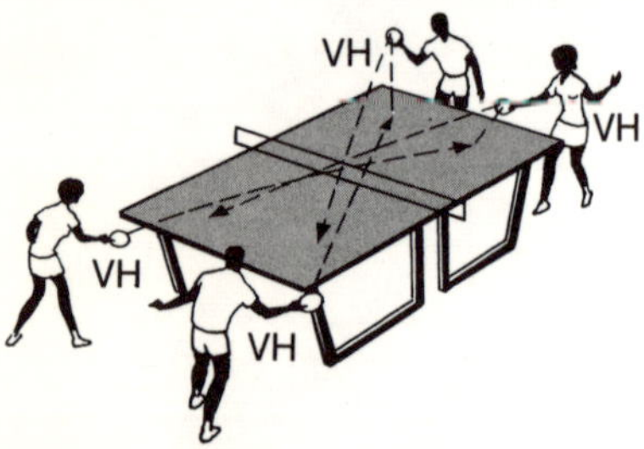

3. Beispiel

1. Spielform: 2 : 2.
2. Schlagart: Konterball.
3. Richtung: diagonal.
4. Schlägerseite: VH.
5. Zeit: 10 Minuten.

Bemerkung: Bei dieser Form spielen sich 2 Spieler den Ball zu. Es werden also zwei Einzel auf einem Tisch gespielt.

Trainingsformen: **4. Beispiel**

4. Beispiel

1. Spielform: 6 Spieler bewegen sich um den Tisch.
2. Schlagart: Schupfball.
3. Richtung: diagonal.
4. Schlägerseite: RH.
5. Zeit: 10 Minuten (oder nach Punkten, z. B. wer zuerst 5 Fehler gemacht hat, scheidet aus).

Trainingsformen mit Hilfsgerät

Das Hilfsgerät soll folgende Funktionen erfüllen:

Mittel für Korrekturen

So kann z. B. ein Kasteneinsatz, ein Gymnastikring oder aber auch eine Sporttasche für die Korrektur der Grundstellungen herangezogen werden. Ein Sprungseil oder eine Zauberschnur wiederum lassen sich für das Einpolen von richtigen Bewegungsabläufen bei der Stellung zum Ball verwenden.

Mittel zur Bestimmung von Laufrhythmen

Durch das Plazieren von Hilfsgeräten werden Laufrhythmus und Laufgeschwindigkeit reguliert.

Mittel zur Verbesserung der Bewegungsabläufe

Die Stellung der Geräte zwingt zu einer exakten Anpassung der Bewegungsabläufe, wie beispielsweise der Sprung über eine Langbank direkt in die Grundstellung der VH führt.
Als Hilfsgeräte bieten sich an:
Bälle aller Art: Gymnastikreifen, Sprung- und Zauberschnüre, Keulen, Kasten und Kasteneinsätze, Matten, Langbänke, oder aber auch Flaschen, Taschen, Stühle usw. erfüllen denselben Zweck.

Trainingsformen: **1. Beispiel**

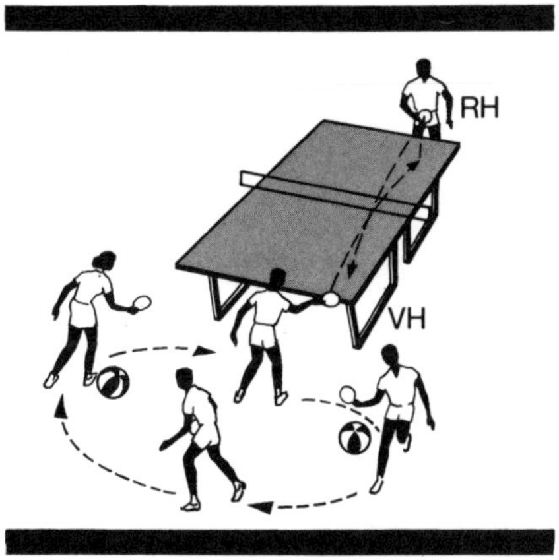

1. Beispiel

1. Spielform: 1 : 4.
2. Schlagart: Schupfball.
3. Richtung: parallel.
4. Schlägerseite: VH.
5. Zeit: 15 Minuten. .
6. Hilfsgeräte: 2 Bälle.
7. Laufrichtung: rechts und um die Bälle herum.

2. Beispiel

1. Spielform: 2 : 5.
2. Schlagart: Konterball.
3. Richtung: Mittellinie.
4. Schlägerseite: VH.
5. Zeit: 15 Minuten.
6. Hilfsgeräte: Langbank.
7. Laufrichtung: rechts um die Langbank herum und dann darüberspringen.
8. 1 Spieler wirft Bälle ein,
   1 Spieler sammelt Bälle auf.

Trainingsformen: **2. Beispiel**

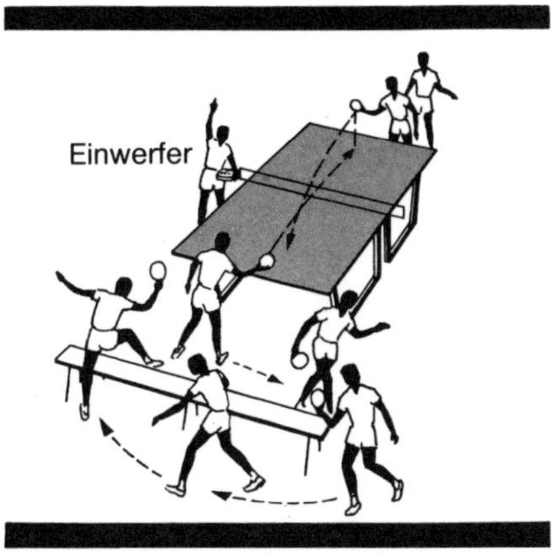

3. Beispiel

1. Spielform: 1 : 6.
2. Schlagart: Treibball.
3. Richtung: diagonal.
4. Schlägerseite: VH.
5. Zeit: 10 Minuten.
6. Hilfsgeräte: Zauberschnur oder Seil.
7. Laufrichtung: rechts herum, dabei immer über das Seil springen.
8. 1 Spieler wirft Bälle ein,
   1 Spieler sammelt Bälle auf.

Trainingsformen: **3. Beispiel**

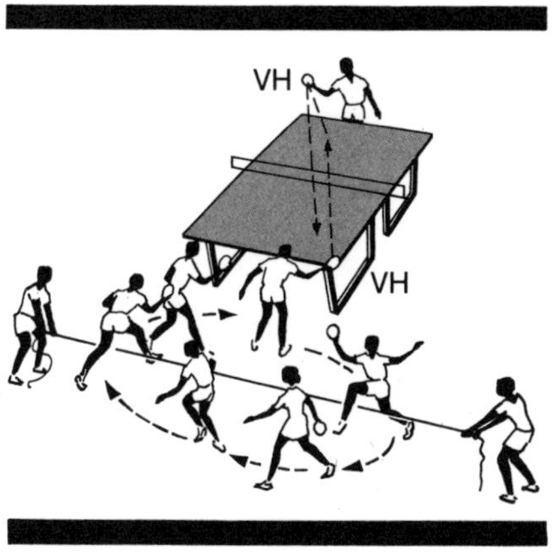

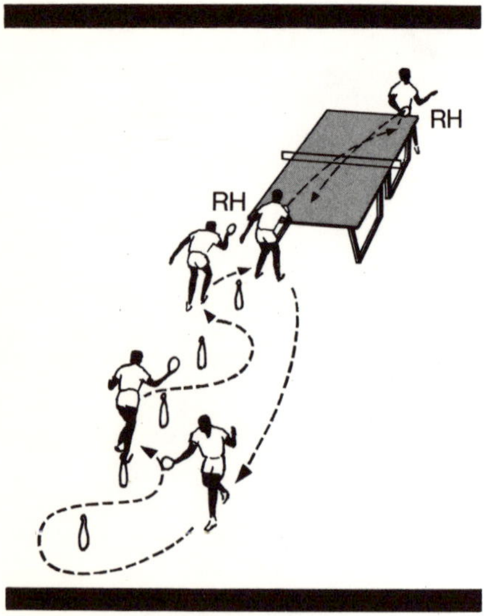

Trainingsformen: **4. Beispiel**

Trainingsformen: **6. Beispiel**

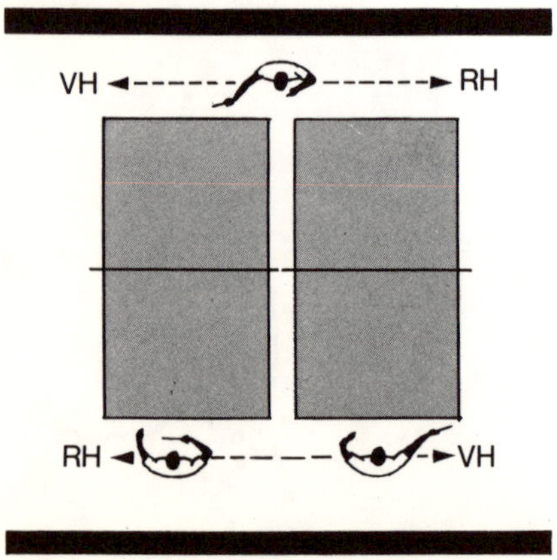

4. Beispiel

1. Spielform: 1 : 4.
2. Schlagart: Blockball.
3. Richtung: diagonal.
4. Schlägerseite: RH.
5. Zeit: 10 Minuten.
6. Hilfsgeräte: Flaschen, Bälle oder Keulen.
7. Laufrichtung: Slalom.

Trainingsformen an zwei oder mehr Tischen

5. Beispiel

1. Spielform: je 10 Spieler auf jeder Seite.
2. Schlagart: Konterball.
3. Richtung: siehe Graphik.
4. Schlägerseite: RH.
5. Zeit: 5 Minuten.
6. Geräte: 4 TT-Tische (eng zusammengestellt).

6. Beispiel

1. Spielform: 1 : 2.
2. Schlagart: Ballonball (Einzelspieler: Schmetterball).
3. Richtung: verschieden.
4. Schlägerseite: VH und RH.
5. Zeit: 5 Minuten.
6. Geräte: 2 TT-Tische (eng zusammengestellt).

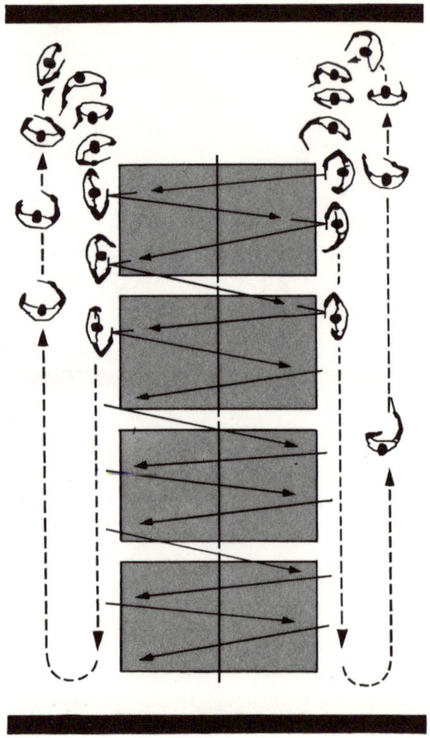

Trainingsformen: **5. Beispiel**

Wettspielformen

Wettspiele sollten nicht nur anläßlich offizieller Meisterschaften und Turniere, sondern auch während der Trainingszeit stattfinden. Im Wettspiel hat jeder die Möglichkeit, seine Spielstärke festzustellen, Fehler zu analysieren und daraufhin sein Trainingsprogramm neu zu ordnen. Durch die verschiedenen Austragungssysteme beim Tischtennisspiel ist die Gewähr gegeben, daß tatsächlich jeder gegen jeden spielen kann. So gibt z. B. der gute Spieler dem schwächeren einige Punkte als Vorgabe und die Mannschaften werden unter Berücksichtigung der Spielstärke aufgestellt, so daß von vornherein etwa gleichstarke Paarungen zustandekommen.
Das Ziel, durch das Wettspiel ein freudvolles Erlebnis zu erfahren, wird deshalb grundsätzlich erreicht. Gerade im Freizeitbereich sollten Wettspiele aller Art durchgeführt werden. Sie beleben in wohltuender Weise die sportliche Betätigung. Die richtige Auswahl des Austragungsmodus' ist für das Gelingen einer Vereins- oder »Hausveranstaltung« natürlich von großer Bedeutung.
Bereiten Sie vor allem jede Art von Veranstaltungen gut vor. Stellen Sie z. B. die Mannschaften vorher auf, laden Sie frühzeitig ein und präsentieren Sie eine spielbereite Wettkampfstätte.

Austragungssysteme für Einzelspiele

Im Vereins- und Verbandssport werden Einzelspiele mit zwei oder drei Gewinnsätzen gespielt. Natürlich kann bei Trainings-Wettspielen oder bei Spielen im Freizeitbereich auch eine andere Regelung getroffen werden. Alle Austragungssysteme für Einzelspiele gelten ebenso für Doppelspiele.

Jeder gegen Jeden

Da jeder Spieler gegen jeden spielt, ist ein optimaler Leistungsvergleich gegeben. Das System ist jedoch zeitlich sehr aufwendig und sollte deshalb nur dann angewendet werden, wenn nicht zu viele Teilnehmer vorhanden sind. Es wird bei der Ausspielung von Ranglisten benutzt.
Für Familien- und Hausveranstaltungen ist es besonders geeignet.

	Brigitte	Karl-Heinz	Rosi	Jürgen
Brigitte		1 : 2		
Karl-Heinz	2 : 1			
Rosi				2 : 1
Jürgen			1 : 2	

Schema für die Durchführung eines
einfachen bzw. doppelten k.o.-Systems

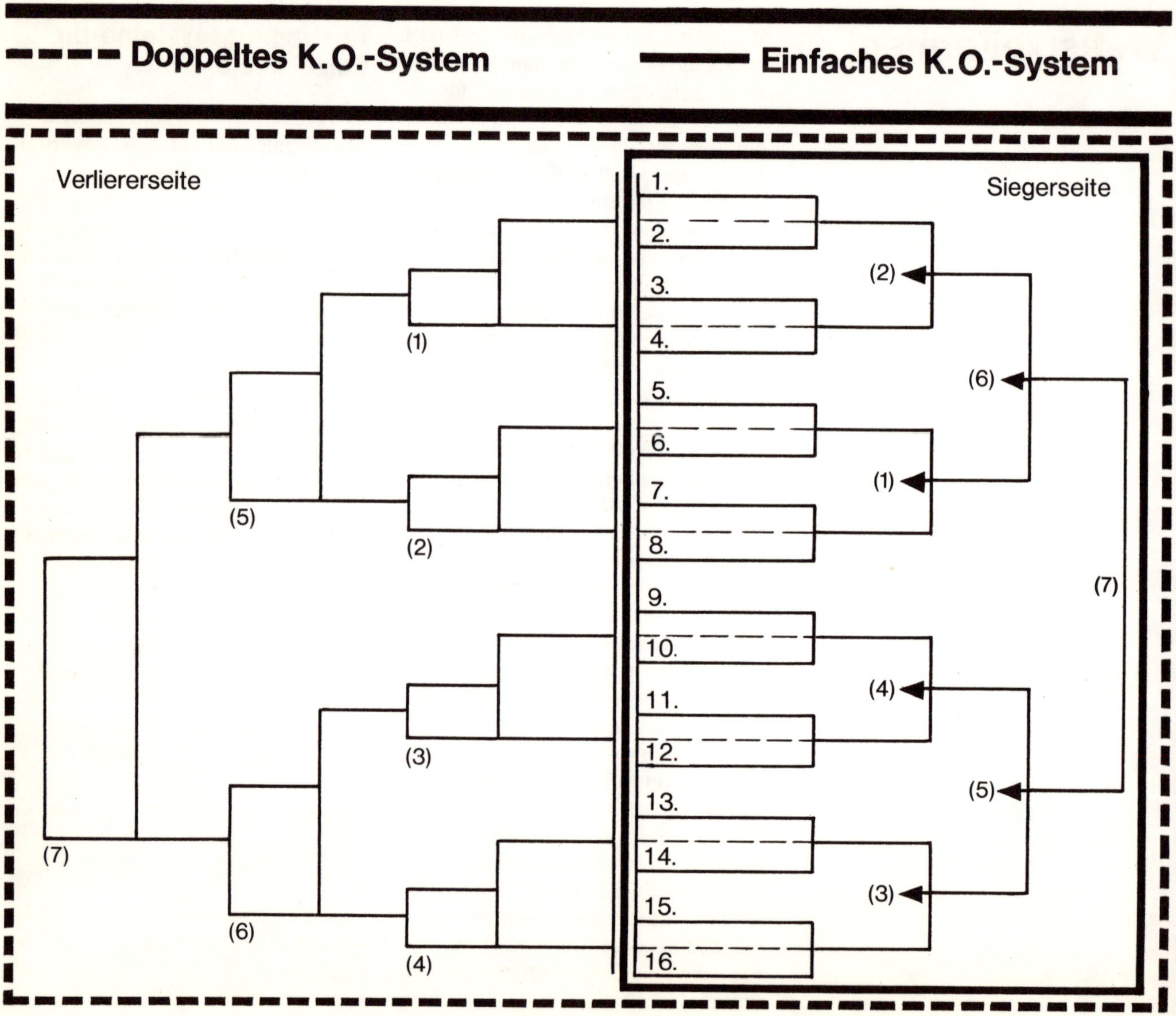

Einfaches k.o.-System

Die Spieler werden ausgelost. Als Ausgangsstellung ist eine 4-er, 8-er, 16-er, 32-er usw. Turnierliste zu wählen. Gute Spieler werden »gesetzt«. So werden z. B. bei einer 16-er Turnierliste die vier besten Spieler auf die Positionen 1, 8, 9 und 16 gesetzt. Sollte die Liste nicht ganz voll werden, erhalten die »Gesetzten« ein Freilos. Die Verlierer scheiden bei diesem Verfahren sofort aus.

Doppeltes k.o.-System

Ein Spieler scheidet erst nach der zweiten Niederlage aus; sonst wie „Einfaches k.o.-System". Damit zwei Spieler in der »Verliererrunde« nicht gleich wieder aufeinandertreffen, kommen die Verlierer der 1. Hälfte einer Turnierliste in die 2. Hälfte der Verliererrunde und umgekehrt. Dadurch ist es möglich, daß ein Spieler, der das 1. Spiel verloren hat, noch das ganze Turnier gewinnt.

Spiele mit Vorgabe

Schwächere Spieler erhalten eine Punktvorgabe, damit sie auch eine Siegeschance haben. Bei Turnieren und Meisterschaften im Vereins- und Verbandssport werden keine Vorgabe-Turniere gespielt, da hier bereits eine Trennung in einzelne Leistungsklassen nach der Spielstärke der Vereinsmitglieder erfolgt.

Spiele mit Hindernissen

Für den Freizeitsport und den Trainingsbetrieb eignen sich besonders Wettspielformen mit Hindernissen.
Wichtig: Alle Trainingsformen können als Wettspiele durchgeführt werden. Dabei braucht nicht ständig bis 21 gezählt zu werden. Überhaupt sollten Sie auch manchmal »verkürzte« Sätze spielen oder aber bereits bei 10 : 10 beginnen. Durch solche Formen können taktische Schwächen behoben werden, da z. B. einige Spieler erst vom 10. Punkt an konzentriert spielen.

Austragungssysteme für Mannschaftsspiele

Hinweise für Mannschaftsspiele

- Bis auf das Dreier-Mannschaftssystem werden in allen anderen nachfolgend aufgeführten Systemen Einzel und Doppel gespielt.
- Die Doppelspieler brauchen nicht – obwohl das im Normalfall grundsätzlich praktiziert wird – die Einzel zu bestreiten, also kann eine Mannschaft aus den Einzel- und den Doppelspielern bestehen.
- Im Vereins- und Verbandssport wird grundsätzlich ein Mannschaftskampf dann abgebrochen, wenn eine Mannschaft keine Gewinnchance mehr besitzt.
- Bei fast allen Mannschaftsspielen muß die Mannschaft der Spielstärke nach aufgestellt werden.
- Einzel- und Doppelspiele sind grundsätzlich auf zwei Gewinnsätze festgelegt. Nur bei nationalen und internationalen Veranstaltungen werden drei Gewinnsätze gefordert.

Paarkreuzsystem

Eine Mannschaft besteht aus 4 bzw. 6 Einzelspielern, die je 8 bzw. 12 Einzel und 4 Doppel austragen. Dabei spielen im Überkreuzverfahren die einzelnen Paare gegeneinander (z. B. 1–2, 2–1, 1–1, 2–2).

Beispiel Paarkreuzsystem

Mannschaft A	Mannschaft B	Ergebnis
1. Müller	2. Schulze	
2. Bensdem	1. Fischer	
1. Müller	1. Fischer	
2. Bensdem	2. Schulze	
3. Roscher	4. Huber	
4. Haake	3. Krömer	
3. Roscher	3. Krömer	
4. Haake	4. Huber	

Gruppenkreuzsystem

Es spielen die Spieler 1 bis 3 und 4 bis 6 über Kreuz jeder gegen jeden. Außerdem werden zwei Doppel ausgetragen.

Vierer- und Sechser-Meden-System

Eine Mannschaft besteht aus 4 bzw. 6 Einzelspielern, die je ein Spiel absolvieren. Hinzu kommen drei Doppel.

Dreier-Mannschaftssystem
(Swaythling-Cup)

Die Mannschaft besteht aus drei Spielern. Diese spielen nur Einzel und zwar jeder gegen jeden.

Zweier-Mannschaftssystem
(Corbillon-Cup)

Zwei Spieler absolvieren vier Einzel. Nach dem zweiten Einzel wird ein Doppel gespielt.
Wichtig: Weitere Einzelheiten über die Austragungssysteme können Sie nachlesen im »Handbuch des DTTB«.

Gymnastik- und Konditionsformen

Um die Möglichkeiten des Tischtennisspiels voll erschließen zu können, dürfen Gymnastik- und Konditionsformen nicht fehlen. Sie sollen aber auch gleichzeitig als »ausgleichender« Sport betrieben und verstanden werden. Durch die Kombination von Gymnastik- und Konditionsformen + Tischtennisspiel ist auf jeden Fall die Gewähr gegeben, unseren Organismus »fit« zu halten. Während die Gymnastikformen insbesondere die Geschicklichkeit und Beweglichkeit steigern, zielen die Konditionsformen daneben auf eine allgemeine Verbesserung der Kraft, Ausdauer und Schnelligkeit hin. Bei einer gut durchgeführten »Konditionierung« sind deshalb immer Gymnastikübungen erforderlich.
Die durch die verschiedenartigen Konditionsformen – Kraft-, Ausdauer-, Schnelligkeits-, Beweglichkeits- und Geschicklichkeitsübungen – erreichte »Kondition« versetzt den Sportler in die Lage, den physischen und psychischen Anforderungen einer Sportart gerecht zu werden. Sind einige Konditionsvoraussetzungen nicht erfüllt, so ist die Möglichkeit für eine optimale Leistung nicht gegeben.
Jede Sportart kann nur auf der Basis einer befriedigenden Kondition ausgeführt werden, und jede Sportart erhebt schwerpunktmäßig eine andere Konditionsforderung. Der Ruderer hat in seinem Konditionsplan natürlich mehr Kraftübungen als der Fußballer und dieser wieder mehr Geschicklichkeitsübungen als der Ruderer.
Bevor wir auf die für das Tischtennisspiel besonders geeigneten Formen eingehen, weisen wir darauf hin, daß natürlich auch alle anderen als im folgenden Abschnitt aufgezählten Gymnastik- und Konditionsformen als Ausgleichs- und Ergänzungsübungen durchgeführt werden können.
Und denken Sie daran: Eine gute Kondition nutzt Ihnen nicht nur für den Sport!

Spezielle Gymnastikformen

Die Gymnastik hat die Aufgabe
- der Kräftigung (Muskulatur),
- der Lockerung (Muskulatur),
- der Dehnung (Muskulatur),
- der Beweglichmachung (Gelenke).

Die Übungsfolge sollte so angelegt sein, daß ein ständiger Wechsel in der Belastung der Hauptmuskelgruppen (Arme, Beine, Rücken, Bauch) auftritt, also nicht 3 Übungsformen etwa zur Kräftigung der Beinmuskulatur hintereinander.
Wir weisen auf die vielfältigen Variationsmöglichkeiten der Gymnastikformen hin und empfehlen Ihnen, diese in Ihren Tagesrhythmus mit aufzunehmen:

Beispiele für Einzelformen

Kräftigung der Arm- und Schultermuskulatur

Im Liegestütz Beugen und Strecken der Arme mit gleichzeitigem Rückspreizen eines Beines

Wichtig: Das rückspreizende Bein soll möglichst gestreckt sein

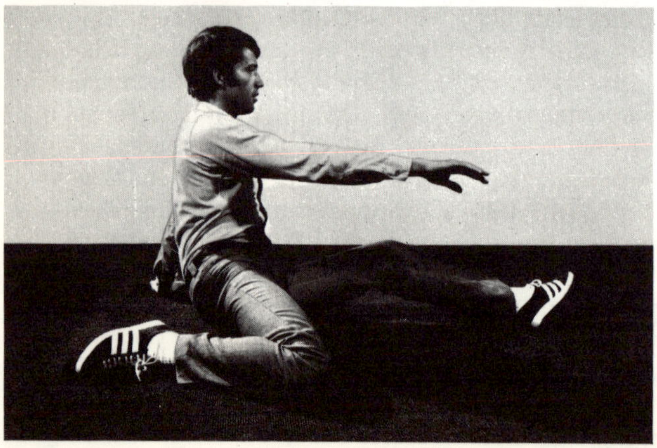

▲
Kräftigung der Bein- und Fußmuskulatur

In der halben Hockstellung Wechsel von Sohlenstand und Zehenstand

Wichtig: Vorschieben der Knie bei unverändertem Oberkörper

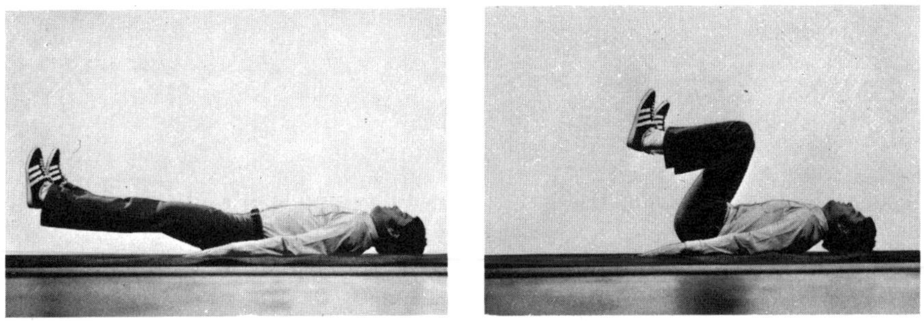

Kräftigung der Bauchmuskulatur ▶
In der Rückenlage beidbeiniges Anhocken und Strecken der Beine
Wichtig: Die Beine dürfen nicht den Boden berühren

Dehnung der Beinmuskulatur ▶

Bei extremem Seithockstand wechselseitiges Verlagern des Gewichts vom linken auf das rechte Bein

Wichtig: Aufrechter Oberkörper

Dehnung der Rückenmuskulatur, Beweglichmachung des Hüftgelenks und der Wirbelsäule

Vorbeugen des Oberkörpers im Hürdensitz

Wichtig: Oberschenkel des angewinkelten Beines bildet einen Winkel von 90° mit dem des gestreckten

Allgemeine Beweglichmachung, Kräftigung der Rumpfmuskulatur

Wechsel von Streckstand, Hockstütz und Liegestütz

Wichtig: Keine Pause zwischen den einzelnen Phasen einlegen

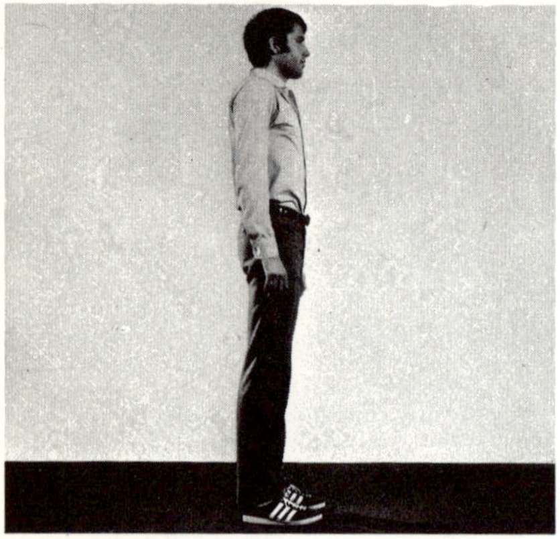

Dehnung der Rumpfmuskulatur, Beweglichmachung der Wirbelsäule

Rumpfdrehen

Wichtig: Mitdrehen der gesamten Schulterachse nach hinten, fester Stand

Beweglichmachung der Wirbelsäule

Rumpfseitbeugen

Wichtig: Hüfte und Beine behalten aufrechte Position

Dehnung der Rückenmuskulatur, Beweglichmachung der Wirbelsäule

Rumpfdrehbeugen

Wichtig: Die Knie durchgestreckt lassen. Den gegengleichen Arm weit nach oben schwingen

Beweglichmachung des Hüftgelenks und der Wirbelsäule

Im Hockstütz Kniedrehen nach links und rechts im Wechsel, beidbeinig und einbeinig

Wichtig: Das Drehen der Knie nach außen besonders betonen

Allgemeine Beweglichmachung

Aus dem Kniestand absitzen, rechts und links im Wechsel ohne Armhilfe

Wichtig: Beim Absitzen die Arme in Richtung der Beine schwingen

▼

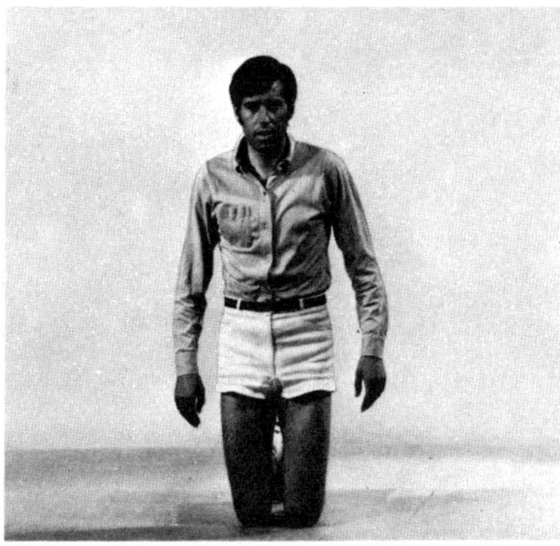

Beweglichmachung des Hüftgelenks und der Wirbelsäule

Beckenkreisen vorwärts im Seitliegestütz, links und rechts (auch im Liegestütz vorlings)

Wichtig: Schwunghaftes Kreisen mit Betonung der Aufwärtsbewegung

Kräftigung der Bauchmuskulatur

Im Sitz seitliches Anhocken und Strecken beider Beine, im Wechsel links und rechts

Wichtig: Die Beine sollen nicht den Boden berühren, beim Anhocken die Absätze möglichst bis an das Gesäß bringen

◄ **Dehnung der Bauchmuskulatur, Beweglichmachung der Wirbelsäule**

Schwunghaftes Rumpfdrehbeugen rückwärts, die linke Hand greift an die rechte Ferse und gegengleich

Wichtig: Beim Rumpfbeugen beide Knie und das Becken vorschieben

- mit und ohne Gerät (Ball, Stab, Seil usw.),
- allein und in der Gruppe,
- mit und ohne Musik.

Für den Tischtennissport können beispielsweise folgende Gymnastikformen gewählt werden:

Beispiele für Partnerformen

◄ **Kräftigung der Beinmuskulatur** »Harvard-Step«.
Wichtig: Mit demselben Bein zuerst auf den Kasten (Stuhl) auf- und absteigen.
Kräftigung der Bauchmuskulatur, Dehnung der Rückenmuskulatur »Sit-ups«.

◄ **Wichtig:** Schnelles Hoch- und langsames Zurückgehen des Rumpfes betonen.
Beweglichmachung des Schultergürtels »Armschwingen«.

Wichtig: Arme müssen gestreckt sein und sollten möglichst nicht den Bo-
◄ den berühren. Körper schwingt mit!

Spezielle Konditionsformen

Grundlage für eine spezielle Konditionsarbeit ist die allgemeine Kondition.
Ein Mindestmaß an

- Kraft
- Ausdauer

- Schnelligkeit
- Koordination (Geschicklichkeit und Beweglichkeitsübungen)

sollte vorhanden sein.
Aus dem Katalog der allgemeinen Konditionsformen sind für jede Sportart die speziellen herauszusuchen.

Für den Tischtennissport können beispielhaft folgende genannt werden:

Spezielle Konditionsformen für den Bereich »Kraft«

Übungen

- Kurzhantel-Schwingen (dabei soll der genaue Bewegungsablauf der Angriffsschläger simuliert werden).
- Medizinball-Übungen.
- Hantel-Übungen (z. B. Kniebeugen mit 50–100 kg).
- Bewältigung des eigenen Körpergewichts (Liegestütze, Klimmzüge).

Ziel: Muskelzuwachs und dadurch Kraftzuwachs. Verbesserung der Muskelschnellkraft und Muskelausdauer.

Spezielle Konditionsformen für den Bereich »Ausdauer«

Übungen

- Dauerläufe mit gleichmäßigem Tempo.
- Dauerläufe mit ungleichmäßigem Tempo.
- Langzeitige Intervall-Formen (3 x 1000 m in je 5–6 Min.).
- Alle langzeitigen Trainingsformen am Tischtennistisch.

Ziel: Verbesserung der gesamten Organe. Besonders das Herz-Kreislauf-System wird positiv beeinflußt und funktionstüchtiger gestaltet.

Spezielle Konditionsformen für den Bereich »Schnelligkeit«

Übungen: Sprints, Reaktionsübungen, alle kurzzeitigen Trainingsformen am Tischtennistisch mit Schnelligkeitscharakter.
Ziel: Verbesserung des Zusammenspiels zwischen Nerven und Muskeln.

Beispiel einer Geschicklichkeits- und Beweglichkeitsübung:
Extreme Rückbeuge

Spezielle Konditionsformen für den Bereich »Koordination« (Geschicklichkeits- und Beweglichkeitsübungen)

Übungen: Rhythmus-, Reaktions- und Gymnastikübungen.
Ziel: Vergrößerung des Bewegungsumfangs.

Seitwärtsspringen

Beispiel: Spezielle Konditionformen

Bei entsprechender Dosierung sind diese Formen sowohl für die Verbesserung der Kraft, Schnelligkeit, Ausdauer und Koordination geeignet. Der besondere Akzent liegt hierbei in einer ausgeprägten Rhythmusschulung.
Tip: Versuchen Sie jede Form eine Minute lang zu springen.

Dreieckspringen

Viereckspringen

Konditionstest

Sie sollten mindestens einmal in der Woche Ihre Kondition testen. Als Test eignet sich in hervorragender Weise ein sogenannter »Circuit-Parcou « (im deutschen Sprachgebrauch als »Kreis-Training« bekannt).
Hierbei werden mehrere Übungen, die kreisförmig aufgebaut sind, von jedem Übenden nacheinander absolviert.
Der Vorteil dieser Methode:

- Die einzelnen Übungen belasten wechselseitig den gesamten Organismus. Dadurch wird sowohl die Kraft, Ausdauer, Schnelligkeit und Koordination verbessert.
- Der Test kann mühelos in das Trainingsprogramm eingefügt werden.
- Der Grad der Belastungshöhe kann individuell festgelegt werden.
- Das Testergebnis ist sofort feststellbar.

Richtlinien zur Organisation des Konditionstests:
Aufbau von 4–10 Teststationen (je nach Teilnehmerzahl).
An jeder Station zwei Testpersonen (eine übt, die andere registriert das Ergebnis).
Das Testergebnis kann nach zwei verschiedenen Methoden festgestellt werden:

1. Messung der *Gesamtzeit* für die Bewältigung aller Testaufgaben (Beispiel: 6 Stationen, an jeder Station die Übung 10 x durchführen = Gesamtzeit).
2. Feststellung der *Gesamtzahl* der durchgeführten Übungen (Beispiel: 6 Stationen, an jeder Station darf die Übung so oft wie möglich innerhalb einer festgesetzten Zeit von z. B. 30 Sek. absolviert werden = Gesamtzahl).

Wichtig: Beginnen Sie bei dieser Trainingsform mit kleinen Belastungen. Denken Sie daran, daß Sie jede Übung auch zu Hause durchführen können. Mit der ganzen Familie macht es den größten Spaß.

Beispiel für Tischtennis-Konditionstest 6 Übungen

1. Übung

Kräftigung der Beinmuskulatur:
»Harvard-Step«

50 x = sehr gut
40 x = gut
30 x = befriedigend

2. Übung

Koordination:
»Viereckspringen«

20 x = sehr gut
15 x = gut
10 x = befriedigend

3. Übung

Kräftigung des Schlagarmes:
Kurzhantel-Schwingen (1–2 kg)
(Bewegung: VH-Konterball)

50 x = sehr gut
40 x = gut
30 x = befriedigend

4. Übung

Schnelligkeit:
Sprints aus der Bauchlage (10 m)

15 x = sehr gut
10 x = gut
5 x = befriedigend

5. Übung

Allgemeine Kräftigung:
Liegestütze

15 x = sehr gut
10 x = gut
5 x = befriedigend

6. Übung

Koordination:
Rumpfdrehbeugen

20 x = sehr gut
15 x = gut
10 x = befriedigend

Gesamtergebnis:

170 x = sehr gut
130 x = gut
90 x = befriedigend

Grundsätze des Trainings

Die Frage nach den Grundsätzen des Trainings ist oft gestellt worden. Nach dem heutigen Stand sind folgende Aussagen möglich:

- Durch das Training können die physischen und psychischen Anlagen ausgebildet und gefördert werden.
- Mit dem Training soll rechtzeitig begonnen werden; es soll vielseitig zusammengestellt sein.
- Das Training soll planmäßig und langfristig organisiert sein.
- Die Belastung durch das Training wird bestimmt von Alter und Trainingszustand, von der Trainingsbereitschaft und von den Trainingsmöglichkeiten.

Um sich über den Trainingszustand ein reales Bild zu verschaffen, können Sie, wie gesagt, Tests oder Wettkämpfe durchführen. Ein guter Trainingszustand wird durch eine Reihe von geeigneten Maßnahmen erreicht. Dazu gehören:

- Trainingsformen.
- Wettkampfformen.
- Trainingsmittel (Sport- und Meßgeräte, Trainingsbücher).

Im Leistungssport kommen außerdem noch die erforderlichen sozialen, pädagogischen, psychologischen und medizinischen Maßnahmen hinzu. Eine maximale Leistungssteigerung erzielen Sie nur, wenn alle notwendigen Voraussetzungen gegeben und harmonisch aufeinander abgestimmt sind. Wir dürfen allerdings nicht verkennen, daß das in idealer Weise nur im Bereich des Leistungssports möglich ist.

Dem Freizeitsportler kann jedoch empfohlen werden, qualitativ und quantitativ im geringeren Maße die Forderungen für eine maximale Leistungssteigerung durch ein Training zu übernehmen, um dadurch »fit« zu bleiben. Denken Sie daran: Solange Ihnen das Training Spaß macht, ist es grundsätzlich in Ordnung.

Trainingsgestaltung

Damit die Trainierenden mit Freude am Training teilnehmen und auch den Erfolg ihrer Bemühungen sehen, müssen alle darauf bezogenen Maßnahmen plan- und sinnvoll gestaltet werden.

Hauptsächlich sind es zwei Grundelemente, die die Trainingsgestaltung bestimmen:

Einteilung der Trainingsstunde,
Periodisierung des Trainings.

Um jedoch überhaupt mit der Trainingsarbeit beginnen zu können, darf eine »Bestandsaufnahme« der Trainingsvoraussetzungen nicht fehlen. Dazu gehören:

- Trainingsstunden pro Woche.
- Hilfskräfte.

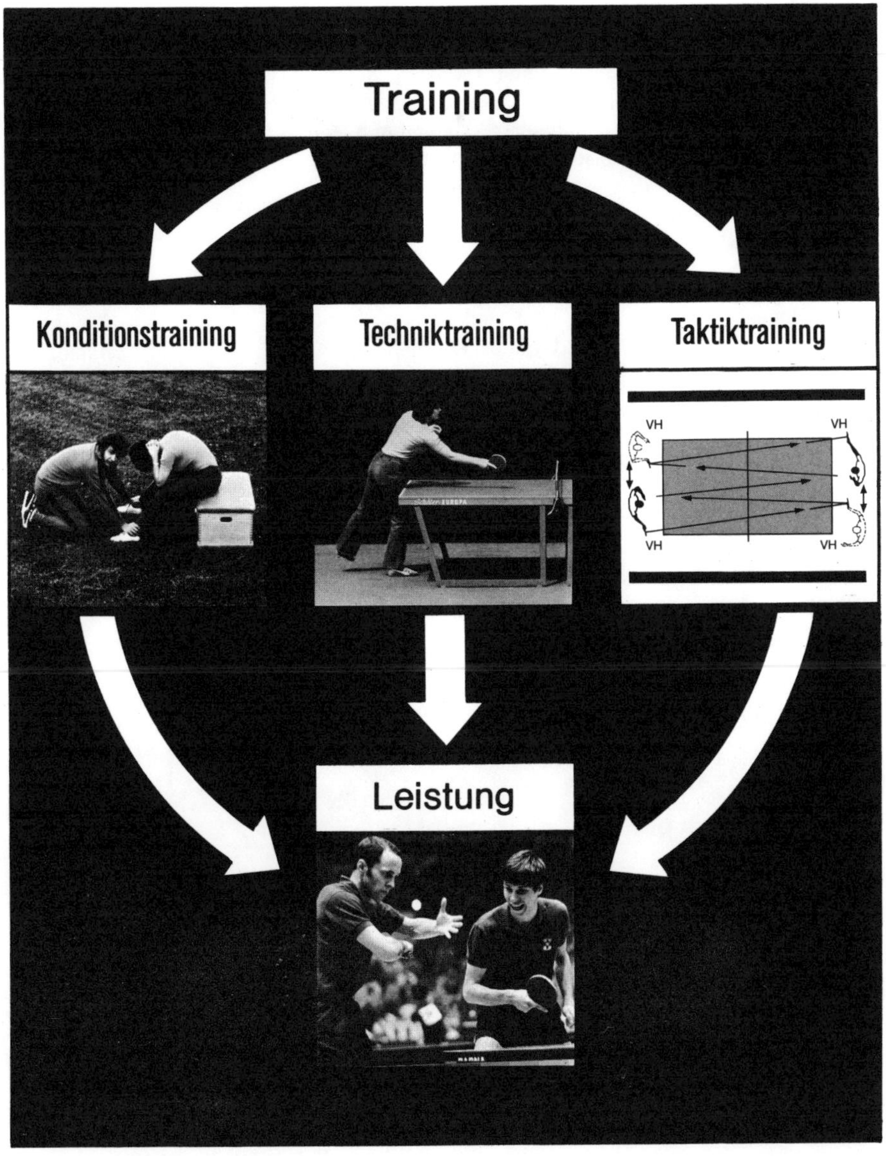

- Trainingsgeräte und Räumlichkeiten.
- Teilnehmerzahl, Teilnehmerstruktur.
- Leistungsstandard.

Einteilung der Trainingsstunde

Jede Trainingsstunde oder besser Trainingseinheit besteht aus drei Teilen:

- Einleitungsteil.
- Hauptteil.
- Schlußteil.

Einleitungsteil

Ziel: den Organismus »aufzuwärmen« oder wie man auch sagt, »einzustimmen«.
Übungen: Beginnen Sie stets mit leichtem Lauf, danach Lauf- und Sprungformen, Gymnastik, Reaktionsübungen, zum Schluß einige Sprints.

Hauptteil

Ziel: Verbesserung der technischen und taktischen Fertigkeiten für das Tischtennisspiel.
Übungen: Trainings- und Wettkampfformen des Tischtennisspiels.
Zeit: 70% der zur Verfügung stehenden Zeit.

Schlußteil

Ziel: Harmonischer Ausklang, der aber auch noch zur Verbesserung der

allgemeinen Kondition dient.
Übungen: Alle Mannschaftsspiele (Fuß-, Hand-, Volley- und Basketball), aber auch Zirkel-Training.
Zeit: 20% der zur Verfügung stehenden Zeit.

Periodisierung des Trainings

Für den Vereins- und Verbandssport ist es unerläßlich, das Trainingsprogramm eines Jahres in Perioden aufzuteilen.
Die Aufteilung in 3 Perioden hat sich für den Tischtennissport als zweckmäßig erwiesen:

- Vorbereitungsperiode.
- Wettkampfperiode.
- Übergangsperiode.

Die *Vorbereitungsperiode* zeichnet sich durch eine deutliche Akzentuierung im Konditionsbereich aus.
In der *Wettkampfperiode* muß die taktische und technische Arbeit im Vordergrund stehen und in der *Übergangsperiode* sollte ein »spielerischer« Ausklang durch andere Sportarten erfolgen.
Wird eine Periodisierung des Trainings nicht eingehalten, so ist die Gefahr eines »Übertrainings« gegeben. Lustlosigkeit, mangelnder Trainingseinsatz und allgemeines Desinteresse kennzeichnen diesen Zustand.
Wichtig: Für den Freizeitbereich ist natürlich eine klare Konzeption in der Trainingsgestaltung nicht erforder-

Beispiel für die Einteilung einer Trainingsstunde

Voraussetzungen
1. Tag und Zeit: Dienstag, 20–21.30 Uhr
2. Raum und Geräte: Turnhalle, 4 Tische, Konditionsgerät, Bälle
3. Teilnehmer: 20 Damen und Herren
4. Leistungsstandard: verschieden

Teil	Zeit	Übungen	Zeit pro Übung
I. Einleitungsteil	10 min.	1. Lockerer Lauf	2 min.
		2. Lauf- und Sprungformen	3 min.
		3. Gymnastikformen	4 min.
		4. Sprints	1 min.
II. Hauptteil	65 min.	1. Einspielen am Tisch	5 min.
		2. Trainingsformen (3 : 1, 1 : 1, 5 : 2)	30 min.
		3. Wettkampfformen 4 Spieler jeder gegen jeden (1 Satz) 3-Satz-Spiel	30 min.
III. Schlußteil	15 min.	1. Zirkel-Training oder	
		2. Basketball mit vereinfachten Spielregeln	15 min.

Leistungsfähigkeit in den einzelnen Perioden

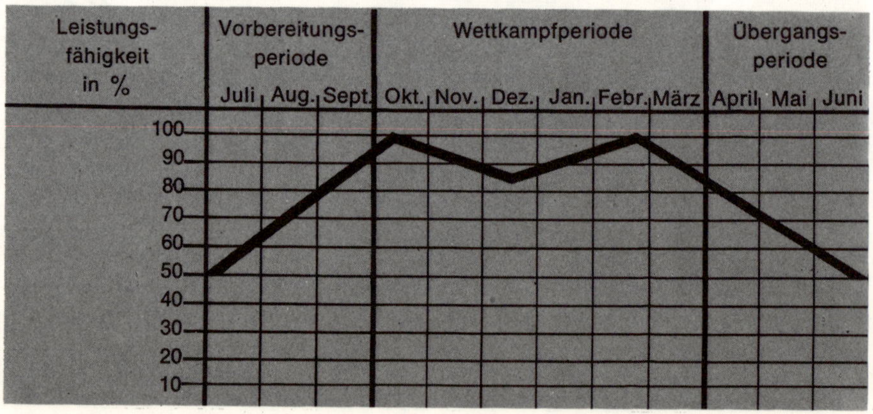

lich. Trotzdem sollte im »verkleinerten« Umfang auf diese Maßnahmen eingegangen werden; denn wenn man nur Tischtennis spielt, können die bereits beschriebenen negativen Tendenzen ebenfalls auftreten.

Bemerkung: Das Training muß so geplant werden, daß zu den Hauptereignissen die optimale Leistungsfähigkeit erreicht wird. Die Tabelle zeigt die Leistungskurve für den durchschnittlichen Wettkampf-Tischtennisspieler. Für einen Hochleistungssportler müßte deshalb eine andere Kurve eingezeichnet werden.

Trainingsbelastung

Ein wesentlicher Faktor für die Aufstellung eines Trainingsplans ist die richtige qualitative und quantitative Einordnung der Trainingsbelastung. Die Belastungshöhe richtet sich nach folgenden Kriterien:

- Alter der Teilnehmer (Schüler, Jugendliche, Senioren).
- Geschlecht.
- Trainingszustand.
- Freizeit- oder Leistungssportler.

Weitere Kriterien können sein: Temperatur, Tageszeit und Gesundheitszustand.

Jeder muß unter Berücksichtigung dieser leistungslimitierenden Faktoren seine Belastung bestimmen. Eine realistische Einschätzung darf dabei erwartet werden. Eine Fehleinschätzung der eigenen Leistungsfähigkeit muß auf jeden Fall unterbleiben.

Innerhalb des Trainingsablaufs sollen wiederum starke und schwache Belastungen nacheinander wechseln. Vor allem muß darauf geachtet werden, daß erst nach dem »Einleitungsteil« sehr starke Belastungen möglich sind.

Kennzeichen einer starken Belastung während des Trainings sind:

- Pulsschlagzahl geht nur langsam zurück.
- Auffallend blasse oder rote Gesichtsfarbe.
- Hechelatmung.

Nach dem Training können folgende negative Reaktionen auftreten:

- Müdigkeit.
- Lustlosigkeit.
- Schwächegefühl.

Sollten Sie solche Kennzeichen einer zu starken Belastung verspüren, müssen Sie in der Zukunft in einem niedrigeren Belastungsbereich trainieren. Sie sollten nicht vergessen, daß sich ein sinnvolles Training stufenweise aufbaut. Und denken Sie daran: Das Training soll auch Spaß machen!

Tischtennis-Test

Lernfortschritte können Sie am besten durch einen Kontroll-Test feststellen. Das Ergebnis zeigt Ihnen, ob ein Trainingserfolg zu verzeichnen ist. Versuchen Sie auf jeden Fall, selbstkritisch eine Analyse vorzunehmen. Art, Umfang und Intensität des Trainings sind daraufhin zu überdenken und einzuordnen.
Lassen Sie sich aber von Ihrem Trainer, Übungsleiter oder Freund beraten. Oftmals kann nur ein Außenstehender die richtigen Tips geben, da z. B. die Fehlerquellen bei der Schlagführung selbst nicht erkannt werden können.
Schließlich sollten Sie die Motive, die Sie zur Ausübung dieser Sportart veranlassen, immer wieder überdenken. Letztlich sollten die Hauptmotive im Spaß, in der Entspannung und in einer richtigen, vernünftigen Einordnung des Spiels in Ihrem Lebensrhythmus liegen. Fanatismus, übersteigerter Ehrgeiz und ein zu hohes Anspruchsniveau sind genauso verfehlt wie Resignation, Ängstlichkeit und ein zu niedriges Anspruchsniveau. Lernen Sie auch, auf Erfolg zu hoffen und keine Furcht vor Mißerfolgen zu haben. Sie sind dann sicher, daß Sie sich nicht durch den Sport überfordern.
Sehen Sie jeden Test deshalb auch unter diesen Gesichtspunkten und lassen Sie sich durch falsche Interpretationen nicht irritieren.

1. Tischtennis-Test für Anfänger

		Schlagart	Plazierung (in der gegnerischen Hälfte)	Zahl	Einzelergebnistabelle sehr gut	gut	befriedigend
I. Aufschlag	=	Unterschnitt-Aufschlag (im Wechsel mit VH + RH)	Grundlinienzone	10	9–10	6–8	3–5
II. Angriffsschlagarten	=	1. Konterball (RH)	Mittelzone	10	9–10	6–8	3–5
		2. Konterball (VH)	Mittelzone	8	7–8	5–6	3–4
		3. Treibball (VH)	Grundlinienzone	8	7–8	5–6	3–4
III. Verteidigungsschlagarten	=	1. Schupfball (im Wechsel mit VH + RH)	Mittelzone	20	17–20	13–16	8–12
		2. Unterschnittball (RH)	Diagonal	10	9–10	6–8	3–5
		3. Unterschnittball (VH)	Diagonal	10	9–10	6–8	3–5
Gesamtergebnis					67–76	47–66	26–46

Wichtig: Für die Durchführung jeder Schlagart stehen Ihnen drei Versuche zur Verfügung.

2. Tischtennis-Test für Fortgeschrittene

	Schlagart	Plazierung (in der gegnerischen Hälfte)	Zahl	Einzel-Ergebnistabelle sehr gut	gut	befriedigend
I. Aufschlag =	1. Unterschnitt-Aufschlag (Wechsel VH + RH)	Netz- und Mittelzone	12	10–12	8–9	5–7
	2. Oberschnitt-Aufschlag (Wechsel VH + RH)	Grundlinienzone	12	10–12	8–9	5–7
II. Angriffs-schlagarten =	1. Konterball (VH)	Mittel- und Grundlinienzone	15	13–15	10–12	7–9
	2. Konterball (Wechsel VH + RH)	Netz- und Mittelzone	10	8–10	6–7	4–5
	3. Treibball (VH)	diagonal und Grundlinienzone	10	8–10	6–7	4–5
	4. Konterball – Treibball im Wechsel (VH)	Grundlinienzone	10	8–10	6–7	4–5
III. Verteidigungs-schlagarten =	1. Schupfball – Unterschnittball im Wechsel (RH)	Mittel- und Grundlinienzone	20	17–20	13–16	8–12
	2. Unterschnittball (Wechsel VH + RH)	Grundlinienzone	20	17–20	13–16	8–12
	3. Blockball (RH)	Netz- und Mittelzone	15	13–15	10–12	7–9
Gesamtergebnis				104–124	80–103	52–79

Wichtig: Für die Durchführung jeder Schlagart stehen Ihnen zwei Versuche zur Verfügung.

3. Tischtennis-Test für Könner

	Schlagart	Plazierung in der gegnerischen Hälfte	Zahl	Einzelergebnistabelle		
				sehr gut	gut	
I. Aufschlag =	1. Seitenschnitt-Aufschlag (VH)	diagonal und Grundlinienzone	15	13–15	10–12	7–9
	2. Seitenschnitt-Aufschlag (RH)	parallel und Netzzone	15	13–15	10–12	7–9
II. Angriffs-schlagarten =	1. Konterball (Wechsel VH + RH)	Mittelzone	20	17–20	13–16	8–12
	2. Konterball – Stoppball (RH)	Mittel- und Netzzone	20	17–20	13–16	8–12
	3. Topspin-Ball (VH)	diagonale Mittel- und Grundlinienzone	15	13–15	10–12	7–9
	4. Topspin-Ball – Treibball (VH)	parallel und Mittel- und Grundlinienzone	15	13–15	10–12	7–9
III. Verteidi-gungs-schlagarten =	1. Unterschnittball (Wechsel VH + RH)	Grundlinienzone	30	26–30	22–25	17–21
	2. Unterschnittball – Blockball (RH)	Grundlinienzone	30	26–30	22–25	17–21
	3. Blockball (Wechsel VH + RH)	Netz- und Mittelzone	20	17–20	13–16	8–12
	4. Ballonball (VH)	Grundlinienzone	10	9–10	7–8	4–6
Gesamtergebnis				164–190	130–163	90–129

Wichtig: Für die Durchführung jeder Schlagart stehen Ihnen zwei Versuche zur Verfügung.

Regelkunde

Alle nationalen Tischtennisverbände haben sich zu einem Weltverband zusammengeschlossen (International Table Tennis Federation = ITTF), der u. a. auch die »Internationalen Tischtennisregeln« verabschiedet hat. Tischtennis wird deshalb auf der ganzen Welt nach einem einheitlichen Regelwerk gespielt.
Bei Wettspielen im Freizeitbereich sollte ebenfalls nach den Regeln verfahren werden. Damit keine Unsicherheiten auftreten, werden nachfolgend die wichtigsten Spielregeln aufgezeigt.

Aufschlag

- Wer zuerst aufschlägt, wird durch das Los entschieden.
- Im 2. Satz schlägt der Spieler auf, der im 1. Satz Rückschläger war usw.
- Der Aufschläger muß 5 x hintereinander aufschlagen (Ausnahme: beim Stand 20 : 20, und beim Zeitspiel wird abwechselnd nach jedem Punkt aufgeschlagen).
- Für die Durchführung eines gültigen Aufschlags gelten folgende Bestimmungen:
  Der Ball muß sichtbar auf dem Handteller der freien Hand ruhen. Die ballhaltende Hand muß sich hinter bzw. hinter der gedachten Verlängerung der Grundlinie befinden. Sie muß außerdem über

dem Niveau der Tischhöhe sein. Der Ball muß senkrecht hochgeworfen und vom Schläger in der fallenden Phase getroffen werden. Der getroffene Ball muß zuerst in der eigenen Hälfte und – nach Überqueren des Netzes – in der gegnerischen Tischhälfte aufspringen.

- Der Aufschlag muß wiederholt werden, wenn:
  Der Ball beim Überspringen in die gegnerische Hälfte das Netz berührt.
  Der Ball vom Partner zurückgeschlagen wird, obwohl der Ball über dessen Hälfte hinausgeflogen ist, ohne diese zu berühren.
  Der Rückschläger noch nicht fertig war.

Zählweise

- Jeder beendete Ballwechsel muß gezählt werden.
- Die Punkte des Aufschlägers werden zuerst gezählt.
- Wer zuerst 21 Punkte erzielt, hat einen *Satz* gewonnen, vorausgesetzt, es liegt mindestens eine Differenz von 2 Punkten zum Partner vor.
- Ein *Spiel* hat gewonnen, wer zuerst zwei oder drei Sätze (je nach Vereinbarung) für sich entschieden hat.
- Ein Punkt wird erzielt, wenn:
  Der Partner den Ball nicht mehr zurückspielen kann.
  Der Partner den Ball in das Netz schlägt.
  Der Partner beim Spielen des Balles den Tisch verrückt oder mit dem Körper das Netz oder den Netzpfosten berührt.
  Der Partner den Ball nicht auf die gegnerische Tischhälfte plazieren kann.
  Der Partner einen falschen Aufschlag durchführt.
  Der Partner den Ball in seiner Hälfte zweimal aufspringen läßt.
  Der Partner den Ball zweimal hintereinander spielt.
  Der Partner den Ball so spielt, daß er im Flug einen Gegenstand berührt (Decke des Raumes, Tiefstrahler usw.).
  Der Partner den Ball mit dem Schläger annimmt, obwohl er seine eigene Tischhälfte nicht berührt hat.
  Der Partner mit der freien Hand die Tischfläche berührt.
- Ein Ballwechsel muß wiederholt werden, wenn:
  Ein Spieler durch ein nicht von ihm verschuldetes Ereignis am Spielen des Balles gehindert wird.
  Der Schiedsrichter den Ballwechsel unterbricht.
  Während des Ballwechsels die Spielzeit abläuft.

Doppelspiel

Die vorgestellten Regeln gelten mit folgenden Abweichungen auch für Doppelspiele:

Aufschlag: Der Tisch muß durch eine Mittellinie getrennt werden. Der Aufschlag erfolgt von der rechten Seite der eigenen Tischhälfte in die linke der Gegner vom Aufschläger aus gesehen. Der Ball darf dabei die Mittellinie berühren.

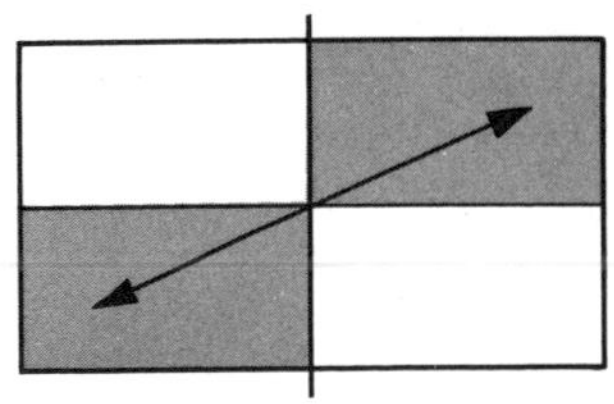

Reihenfolge: In jedem Satz bestimmt das Paar, das die ersten fünf Aufschläge macht, welcher der beiden Spieler zuerst aufschlägt. Im *ersten* Satz eines Spiels bestimmt daraufhin das gegnerische Paar ebenso, welcher seiner Spieler zuerst Rückschläger ist. In den *nächstfolgenden* Sätzen ist die Reihenfolge des Rück-

Wettkampfatmosphäre

schlags umgekehrt wie im vorhergehenden Satz.
Im letztmöglichen Satz eines Spiels muß das rückschlagende Paar beim Seitenwechsel (Erreichung des 10. Punktes) seine Rückschlagreihenfolge ändern. Die Seiten werden nach dem 10. Punkt für eine der beiden Parteien nochmals gewechselt.

Schlagfolge:

Beide Partner müssen sich in der Schlagfolge abwechseln.

Wichtige Regelentscheidungen:

Um keine Differenzen bei der Regelauslegung aufkommen zu lassen, dürfen folgende Hinweise nicht fehlen:

Kantenball: Nur »echte« Kantenbälle können gewertet werden, da die Tischkante zur Spielfläche zählt. Fliegt der Ball gegen die Außenseite der Tischplatte, ist auf »Fehler« zu entscheiden.

Netz: Es bedeutet keinen Fehler, wenn ein zurückgespielter Ball auf die Hälfte des Partners kommt, obwohl er nicht über, sondern seitlich neben oder sogar unter dem Netz plaziert wurde.

Spielfläche: Die Spielfläche kann durch den ganzen Körper oder Teile davon berührt werden, aber niemals mit der freien Hand. Die Möglichkeit,

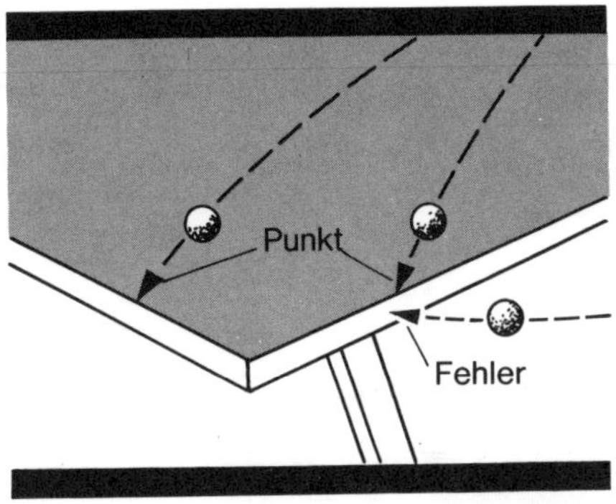

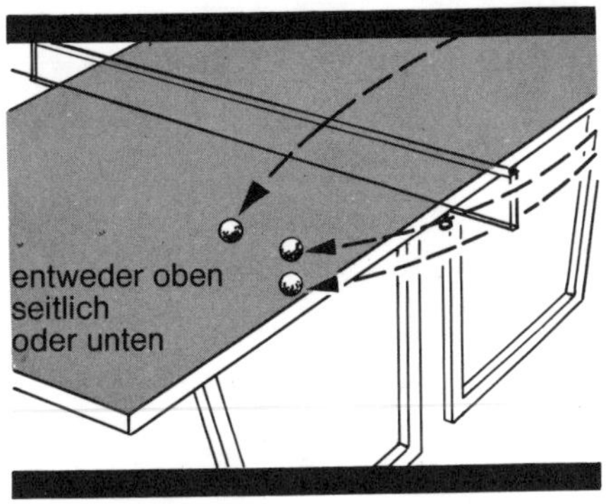

beispielsweise während des Ballwechsels auf den Tisch zu springen, ist deshalb gegeben. Dabei darf jedoch nicht das Netz berührt oder der Gegner behindert werden oder sogar die Position des Tisches verändert werden.
Da im Tischtennisspiel Ermessensentscheidungen getroffen werden müssen, befindet sich der Schiedsrichter häufig in schwierigen Situationen, die jeder berücksichtigen sollte.

Wettkampfatmosphäre

Wußten Sie schon, daß ....

... »hart« geschlagene Schmetterbälle eine Geschwindigkeit bis zu 170 km/h erreichen? Dagegen kommen »weiche« Schupfbälle nur auf 25 km/h.

... die Höchstgeschwindigkeit des Schlagarmes bei Schmetterbällen 35–40 km/h beträgt?

... der Ball während der Trefferphase lediglich $^{1}/_{1000}$ Sekunde auf dem Schläger ist?

... der Ball, während er $^{1}/_{1000}$ Sekunde Kontakt mit dem Schläger hat, von diesem nur 0,5 – 1,0 cm (bei Schmetterbällen) und 0,2 – 0,5 cm (bei Schupfbällen) »geführt« wird?

... bei einem Topspin-Schlag der Ball sich innerhalb einer Sekunde 50 x um seine eigene Achse dreht? Rechnet man die Rotation auf eine Minute um, so ergibt das immerhin die respektable Zahl von 3000 Umdrehungen.

... bei einem Schmetterball eine Verformung des Balles bis zu 20% eintreten kann, wenn der Ball mit einem Holz- oder Noppengummi-Schläger geschlagen wird? Beim Aufkommen des Balles auf dem Tisch tritt übrigens immer eine Verformung des Balles auf.

... bei härtesten Schmetterbällen unter Berücksichtigung der kurzen Zeiteinheit vom $^{1}/_{1000}$ Sek. der Ball einen Druck von 1 Tonne aushalten muß?

... die »Bruttozeit« eines Satzes bei Angriffsspielern bei 4 : 30 Minuten liegt? Zieht man die Unterbrechungszeiten ab, so verbleiben nur noch etwa 2 Minuten reine Spielzeit.

... Tischtennis seit 1971 auch mit gelben Bällen gespielt werden kann? Der gelbe Ball hat folgende Vorteile gegenüber dem weißen: er ist besser sichtbar, besitzt höheren Aufforderungscharakter, wirkt weniger ermüdend und bietet bessere Reaktionsmöglichkeiten.

... selbst zweifarbige Bälle im Handel sind? Diese Bälle sollten ab und zu im Training eingesetzt werden, um den Spielern Rotation und Sprungverhalten des Balles »sichtbar« zu machen.

... vor Einführung der Zeitbegrenzung Tischtennisspiele oft stundenlang dauerten? So spielten die beiden früheren Weltklassespieler Ehrlich und Paneth bei einem internationalen Turnier um einen Punkt über 2 Stunden lang. Der Ball ging dabei rund 10 000 x über das Netz.

... zwei Amerikaner 1972 einen neuen Weltrekord im Dauer-Tischtennisspielen aufgestellt haben? Nicht weniger als 31 Std. spielten sie hintereinander.

?

Die Zusammenfassung sämtlicher Fakten des Tischtennisspiels lassen die Feststellung zu, daß diese Sportart zu den schnellsten und rasantesten zu zählen ist.
Dadurch wird deutlich, welch ungeheure Leistung unser Organismus bei jedem Ballwechsel vollbringt. Nur die Tatsache, daß er in der Lage ist, notwendige Entscheidungen bereits frühzeitig zu treffen, macht das Spiel erst möglich.
Die Funktionsfähigkeit unseres Organismus wird durch das Tischtennisspiel in hervorragender Weise trainiert. Die Popularität des Tischtennisspiels ist letztlich wohl darin zu sehen, daß das Trainieren der geistigen und körperlichen Funktionen auch noch Spaß macht.

Wußten Sie deshalb schon, daß es sich lohnt, Tischtennis zu spielen?

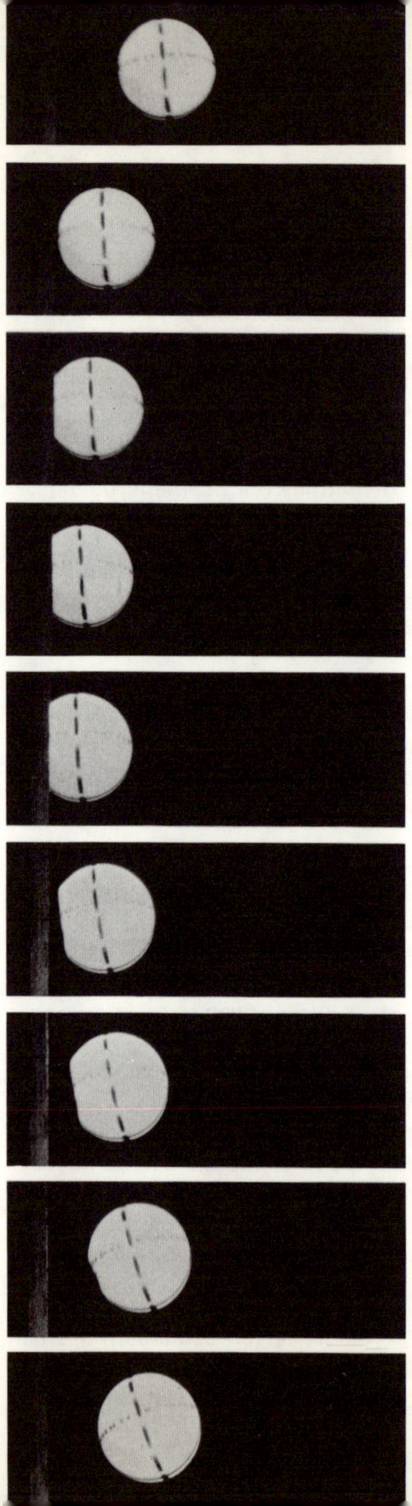

Kleiner Ball ganz groß. Deformation eines hart geschlagenen Balles. Links ist das hochgestellte Schlägerblatt zu sehen.

Quellenverzeichnis

Alser, H./Johannsson, K.: Fran O till 21
Göteborg, 1970

Barna, V.: Your Book of Table Tennis
London, 1971

Barna, V.: Der Weg zum Erfolg
Lübeck, 1961

Bergmann, R.: Twenty-one up
London, 1936/37

Eckert, H.: Die Welt des weißen Balles
Kiel, 1954

Ehrlich, A.: Tischtennis-Tips
Hannover, 1959

Fähnrich, S.: Tischtennis – Erfolgreiches Training – leichtgemacht
Frankfurt/M., 1961

Fähnrich, S.: Tischtennis – Ein Trainingslehrgang
Graz, 1952

Gottlöber, G./Oelschlägel, G.: Tischtennis – Technik, Training, Taktik
Berlin, 1969

Grein, W.: Tischtennis
Hannover, 1955

Gruber, C. M.: Tischtennis-Taktik, 1966

Handbuch des Deutschen Tisch-Tennis Bundes. Lübeck, 1971

Harangozo, T.: Tischtennis modern gespielt
Saarbrücken, 1964

Kemmler, J.: Perfektes Skitraining im Schnee + zuhause
München, 1970

Stierle, G.: Tischtennis - Methodik für Anfänger
Musberg, 1972

Tigermann, D./Scharroo, A.: Tafeltennis – Slag voor Slag
Leiden, 1971

Aus der Reihe blv sport

Jürgen Kemmler

Topfit durch Sport, Spiel + Gymnastik

Dieses Trainingsbuch informiert umfassend über alle theoretischen Grundlagen des allgemeinen und individuellen Bewegungstrainings und bringt praktische Tips und Tests mit gezielten Programmen. Nach dem Motto: Jeder sein eigener Trainer, eine Anleitung für Sportler und Nichtsportler.

135 Seiten, 51 Fotos, 67 Bildserien, 40 Zeichnungen

Karin Schabert

Jazzgymnastik zum Mitmachen

Systematisch aufgebaut werden in diesem Buch Trainingsformen mit typischen Bewegungsbeispielen im Bild gezeigt. Keine konventionellen Gymnastikübungen, sondern moderne gymnastische Trainingsformen, die auf dem »Modern Dance« beruhen und auch dem Laien verständlich sind.

120 Seiten, 169 Fotos und Zeichnungen

Rico Ellwanger

Tennis – bis zum Turnierspieler

Methodisch klar gegliedert werden hier Technik, Taktik und Training des Tennisspiels behandelt und eine konsequente Ausbildung mit dem Ziel Turnierspieler vorgeführt. Alle Einzelheiten wie Grund- und Spezialschlag, Griffhaltung, Stellung zum Ball, Schwungbewegung, Treffen des Balles werden genau erklärt.

3. Auflage, 119 Seiten, 250 Fotos

Gerhard Bauer

Fußball perfekt: vom Anfänger zum Profi

Hier wird alles über den Fußballsport gebracht – in der bewährten Kombination von Text, Bild und Grafik. In dem Band werden die Kapitel Fußballtechnik, Fußballtaktik und Fußballtraining ausführlich besprochen.

142 Seiten, 43 Fotos, 49 Bildreihen, 150 Zeichnungen

Masahiko Kimura

Judo für Anfänger + Kämpfer

Eine Einführung in die Judotechnik mit Erklärung der Grundlagen, Griffarten, Körperbewegungen und Fallübungen. In vielen Bildreihen und mit einem exakten Text werden die wichtigsten Kampftechniken dargestellt. Dazu die Angriffsmöglichkeiten, Kontertechniken, Kombinationen und Variationen.

162 Seiten, 91 Fotos, 127 Bildserien, 2 Zeichnungen

Gerhard Hetz

Schwimmen lernen – schnell + sicher

Hier wird erklärt, wie Anfänger ohne Angst in kürzester Zeit Schwimmen lernen können. Alle Übungen werden anhand von Fotos und Skizzen demonstriert. Diese neue Methode basiert auf der Verwendung von Flossen als Lernhilfe. Außerdem für den fortgeschrittenen Schwimmer Trainingsformen für die verschiedenen Techniken.

119 Seiten, 117 Fotos, 12 Bildserien, 77 Zeichnungen